Die Baufallschätzung an den kath. Pfarrpfründegebäuden

Von

Josef Weigand
Oberregierungsrat in Würzburg

Sonderdruck aus der „Bayerischen Gemeinde- und Verwaltungszeitung“ 1935 Nr. 13, 15, 16, 17, 18 u. 20

1935

München, Berlin und Leipzig
J. Schweitzer Verlag (Arthur Sellier)

Die Baufallschätzung an den kath. Pfarrpfründegebäuden.

Von Oberregierungsrat Josef Weigand in Würzburg.

Förmliche Baufallschätzungen an den kath. Pfarrpfründegebäuden gab und gibt es nicht nur „in Altbayern auf Grund der Hauptbaulast der Pfründestiftung"[1]), sondern in ganz Bayern. Abgesehen von älteren Vorschriften bestimmte besonders die V. vom 8. Juli 1811, die Baufälle bei den Pfarrhöfen und Benefizialhäusern betr.[2]), in Ziffer 5 folgendes:

„Bei dem Abgange der Pfarrer oder Benefiziaten von ihren Pfründen durch Todfall oder Abzug sollen gehörige Baufallschätzungen vorgenommen werden. Die Erfahrung lehrt, wie sehr in vielen Fällen die zwischen den abgegangenen Pfarrern oder Benefiziaten und deren Nachfolgern getroffenen Vergleiche und Abfindungen wegen der Baufälle zum Nachteile der Pfarreien und Benefizien gereichten. Es dürfen daher künftig dergleichen Vergleiche oder Abfindungen wegen Entrichtung und Bestreitung oder Übernahme der Baufälle bei solchen Pfründen ohne hinreichende Sicherstellung für die richtige vollständige Wendung der Baufälle nicht statt haben, sondern diese sollen jederzeit nach der geschehenen Einschätzung, mit Rücksicht auf die Verhältnisse in Ansehung der Baupflichtigkeit aus dem Rücklasse des mit Tod Abgegangenen, oder aus dem Vermögen des Abziehenden bestritten werden.

An der Verlassenschaft darf unter keinem Vorwande Etwas verabfolgt werden, bis der Gegen-

---

1) Meurer, Bayer. Kirchenvermögensrecht III S. 604.

2) Weber I S. 349.

stand der Baufälle berichtigt, deren Wendung gehörig bestritten oder die zu diesem Ende erforderliche und vollkommen hinreichende Summe gerichtlich deponiert seyn wird."

Die Baufallschätzungen haben sonach den Zweck, bei Erledigung einer Pfründe den Zustand der Gebäude amtlich festzustellen, die Haftungsverbindlichkeit der Beteiligten besonders der Pfründebesitzer festzusetzen und die Beseitigung der festgestellten Mängel zu veranlassen[3]). Ihre rechtliche Grundlage ist die staatliche Kuratel[4]).

Besondere Bedeutung haben die Baufallschätzungen an den kath. Pfarrpfründegebäuden in der neuesten Zeit gewonnen dadurch, daß die kirchliche Satzung für die sämtlichen bayerischen Diözesen teilweise neues materielles Recht über die Baulastverhältnisse geschaffen hat.

Im folgenden soll das zur Zeit geltende Recht für die Baufallschätzungen an den kath. Pfarrpfründegebäuden dargestellt werden.

Es sind bezüglich der Baufallschätzung drei Arten von Pfarrpfründegebäuden zu unterscheiden:

1. Pfründegebäude, die im Eigentum des Staates stehen oder staatlichen Gebäuden gleichgestellt sind,

2. Pfründegebäude, an denen der Pfründeinhaber die Unterhaltspflicht und die Pfründestiftung die Baulast haben,

3. Pfründegebäude, an denen weder der Staat beteiligt ist noch eine Baupflicht der Pfründestiftung, noch eine Unterhaltspflicht des Pfründebesitzers bestehen.

---

[3]) Meurer III S. 604; VGH. 25 S. 318.

[4]) KME. vom 3. Juli 1866 (Weber VI S. 639).

Teil I. Baufallschätzung an Pfründegebäuden, die im Eigentum des Staates stehen oder staatlichen Gebäuden gleichgestellt sind.

Maßgebend ist die V. vom 28. Febr. 1851, die Benützung und Unterhaltung der Staatsgebäude betr.[5]), die in den §§ 75—82 eingehende Vorschriften über die Baufallschätzung enthält.

A. Arten dieser Pfründegebäude.

Die V. vom 28. Febr. 1851 findet „unbeschadet wohlerworbener Rechte" u. a. Anwendung auf folgende Gebäude:

1. die von den Pfarrern, Vikarien, Benefiziaten und exponierten Geistlichen bewohnten Gebäude, bei welchen das Staatsärar die Baulast als Folge der Säkularisation trägt;
2. die Gebäude des Kultus und Unterricht, bei welchen dem Staat die Bauverbindlichkeit aus einem Privat-Rechtstitel ausschließlich, ohne Konkurrenz Dritter, obliegt[6]).

Es ist gleichgültig, ob diese Gebäude im Eigentum des Staates, der Pfründestiftung oder eines Dritten stehen. Die Regel wird sein, daß als Eigentümer die Pfarrpfründestiftung im Grundbuch eingetragen ist[7]).

B. Feststellung der Baupflichtverhältnisse.

I. Allgemeines.

Aufschluß darüber, ob ein Gebäude zu den unter A bezeichneten Gebäuden gehört, geben die Verhandlungen der Regierung, K. d. J., des Landesfinanzamtes, des Landbauamtes und des

---

[5]) Weber IV S. 218.

[6]) V. vom 28. Febr. 1851 § 97 Buchst. c und d.

[7]) Die Pfarrgebäude bei den sog. organisierten Pfarreien (unten 2 a) stehen im Eigentum der Pfründestiftung, nicht des Staates (ME. vom 21. April 1868, Weber III S. 679); auch VGH. 54 S. 59.

Bezirksamtes, besonders auch die Kultusbaukataster, welche von den Regierungen, K. d. J., dem Landesfinanzamte und den Bezirksämtern geführt werden[8]). Es wird regelmäßig genügen, auf die früheren Baufallschätzungsverhandlungen zurückzugreifen.

II. Die Unterhaltspflicht des Pfründebesitzers.

Auch in den Fällen, in denen dem Staat „ausschließlich" die Baulast obliegt, besteht daneben eine Unterhaltspflicht des Pfründebesitzers. Der Umfang dieser Unterhaltspflicht ist in den einzelnen bayer. Gebietsteilen verschieden. Sie hat namentlich in der letzten Zeit eine wesentliche Wandelung erfahren.

Art und Umfang dieser Unterhaltspflicht bedürfen einer besonderen Würdigung.

1. Die persönliche Ersatzpflicht des Pfründebesitzers für Baufälle, die durch sein Verschulden entstanden sind.

a) Schon die V. vom 8. Juli 1811[9]) hebt in den Eingangsworten hervor, daß „die großen kostspieligen Hauptbaufälle bei denselben" — den kath. Pfarr- und Benefizialgebäuden — „größtenteils daher rühren, daß die Pfarrer und Benefiziaten, soweit ihnen die bauliche Unterhaltung dieser Gebäude obliegt, sich dieser Pflicht so häufig auf verschiedene Weise zu entziehen suchen und die Wendung kleiner Baufälle und die Führung der von Zeit zu Zeit sich ergebenden Reparaturen vernachlässigen, wodurch nach und nach große Baugebrechen überhand nehmen und die sowohl den Pfarrfonds als den Baukonkurrenzpflichten um so lästiger fallen, je häufiger sie eintreten, und nicht selten die Aufbringung der Mittel zu ihrer Deckung sehr erschweren".

Die V. ordnet deshalb in Ziffer 2 an:

---

[8]) Meurer III S. 188—191.

[9]) Weber I S. 349.

„Pfarrer und Benefiziaten, welche absichtlich oder aus offenbarer Nachlässigkeit die Wendung der Baufälle unterlassen, und dadurch die Notwendigkeit eines Hauptbaues oder einer Hauptbaureparatur veranlassen, haften zunächst für die Bestreitung des erforderlichen Aufwandes; und damit sie nicht durch Verlassung ihrer Stelle sich der diesfallsigen Pflicht entziehen können, so sollen dergleichen fahrlässige Pfarrer nicht auf andere Pfründen befördert werden, bis sie sich ihrer Verbindlichkeit in Ansehung der Baureparaturen gehörig entledigt haben werden.“ [10])

Diese besondere Vorschrift enthält an sich kein neues Recht, sondern ist nur „die Formulierung einer sich schon aus allgemeinen Rechtssätzen ergebenden Haftung“; sie „beruht lediglich auf den rechtlichen Grundsätzen hinsichtlich der durch schuldhafte Nichterfüllung bestehender Verbindlichkeiten erzeugten Schadenersatzpflicht“ [11]).

Der Pfründebesitzer haftet also grundsätzlich persönlich für den Schaden, der durch sein Verschulden an den Pfründegebäuden entsteht. Das Verschulden kann bestehen in einer zweckwidrigen Benützung der Gebäude [12]) oder in vorsätzlicher oder fahrlässiger Verletzung der Unterhaltspflicht [13]). Die persönliche Haftung des Pfründebesitzers erstreckt sich auch auf große Baufälle, welche durch Schuld des Pfründebesitzers in-

---

[10]) Siehe auch ME. vom 9. Dez. 1811, 1. Aug. 1812, 23. Aug. 1829 (Weber I S. 374, 398; II S. 479).

[11]) VGH. 8 S. 126; auch 12 S. 173; siehe auch V. vom 28. Febr. 1851; Weber IV S. 218, § 4.

[12]) Geiger, Pfarramtsverwaltung 10. Aufl. Bd. II S. 639 Fußnote 4.

[13]) VGH. 10 S. 305; 12 S. 173; Geiger II S. 639 bis 640. Siehe auch V. vom 28. Febr. 1851 §§ 4, 98; Weber IV S. 239; ME. vom 10. Mai 1909 Nr. 9093 mit Anweisung bes. Ziff. 9 Abs. V (abgedruckt bei Geiger II S. 625, 629); Bestimmungen über Pfründebaufonds vom 1. Sept. 1907 Buchst. D VIII 1 u. 2; KMBl. S. 579, 589.

folge Vernachlässigung der rechtzeitigen Wendung kleiner Baufälle entstanden sind. Die Haftung bleibt auch dann bestehen, wenn die Gebäude nunmehr in einem so baufälligen Zustand sich befinden, daß nur durch einen Neubau, nicht durch eine Reparatur Hilfe geschaffen werden kann. In diesem Falle ist die Versäumnis der Unterhaltspflicht des Pfründebesitzers in Geld zu veranschlagen; die Entschädigungssumme ist demjenigen zu übereignen, dem die Wendung der großen Baufälle obliegt[14]).

b) Die Haftung des Pfründebesitzers besteht dagegen nicht für Bauschäden, die aus einem von ihm nicht verschuldeten mangelhaften Bauzustand des Gebäudes entstanden sind[15]) oder „welche ausschließlich eine Folge mangelhafter Anlage insbesondere regelwidriger Konstruktion des Gebäudes selbst sind und auch durch die schonendste Benützung des Gebrauchsgegenstandes nicht ferngehalten werden können"[16]).

c) Der Pfründebesitzer hat endlich die Gebäude nur in dem übernommenen Zustand rückzugewähren[17]). Daraus ergibt sich, daß er für die Kosten baulicher Änderungen, die aus Zweckmäßigkeitsgründen oder zum Vollzug baupolizeilicher Vorschriften angeordnet werden, nicht persönlich aufzukommen hat.

2. Die Unterhaltspflicht des Pfründebesitzers.

Wegen der Verpflichtung des Pfründebesitzers zum Unterhalt der Pfründegebäude ist zu unterscheiden die Zeit vor Inkrafttreten der Satzung für die kirchlichen Steuerverbandsvertretungen vom 9. Januar 1922 — Diözesansatzung — und die Zeit nach Inkrafttreten dieser Satzung.

---

14) ME. vom 10. Jan. 1838 (Weber III S. 226).
15) VGH. 49 S. 106.
16) VGH. 8 S. 129.
17) Siehe BGB. § 1055; V. vom 28. Febr. 1851 §§ 83 ff.

a) Die Zeit vor Inkrafttreten der Diözesansatzung vom 9. Januar 1922.

aa) Allgemeines.

Im allgemeinen muß hervorgehoben werden, daß die Frage, ob und in welchem Umfang der Pfründebesitzer zur baulichen Unterhaltung der Pfründegebäude verbunden ist, „aus den in den einzelnen Landesteilen hierüber geltenden Spezialvorschriften und in Ermangelung solcher nach allgemeinen zivil- bzw. kirchenrechtlichen Grundsätzen beantwortet werden muß". Die V. vom 8. Juli 1811 bezweckt nur die Überwachung und Sicherheit des Vollzugs der Verbindlichkeit; eine Verpflichtung der Pfründebesitzer konnte und wollte durch sie nicht geschaffen werden. Für den Umfang der Unterhaltspflicht sind also zunächst etwaige örtliche Statute oder rechtliche Gewohnheiten maßgebend[18]).

Wenn solche fehlen, sind die einschlägigen Bestimmungen des bürgerlichen Rechts, seit 1. Januar 1900 also die des Bürgerlichen Gesetzbuches anzuwenden, soweit nicht die eigenartige Stellung des geistlichen Pfründebesitzers und die bestehende Stiftungskuratel nebst den damit zusammenhängenden besonderen Vorschriften dies ausschließen.

Besondere Bestimmungen über die Unterhaltspflicht des Pfründebesitzers enthalten nur das preußische allgemeine Landrecht, das französische Zivilrecht und das österreichische Recht; Näheres darüber siehe Meurer III S. 553, 554[19]).

In den Gebieten des bayer. Landrechts und des gemeinen Rechts[20]) fehlt es an solchen be-

18) VGH. 8 S. 126.

19) Auch VGH. 24 S. 281 (französ. Recht); BlfAdm.-Pr. 12 S. 125 (preuß. Landrecht); über die Gebietsteile, in welchen diese Rechte gelten, siehe Weber Anhangband S. 622 ff., 63 ff.

20) Über die Gebiete dieser Rechte Weber Anhangband S. 620, 63 ff.

sonderen Bestimmungen. In Rechtslehre und Rechtsprechung ist aber anerkannt, daß das Verhältnis des Pfründebesitzers zur Pfründe rechtlich als das eines Nießbrauchers anzusehen ist. Es kommen deshalb in bezug auf die Benützung und Erhaltung der Pfründegebäude hauptsächlich die §§ 1036, 1041, 1042 und 1050 BGB. in Betracht. Es darf als allgemein anerkannter Rechtsgrundsatz, der auch in den Entscheidungen des Verwaltungsgerichtshofes wiederholt zum Ausdruck gekommen ist, festgestellt werden, daß dem Pfründebesitzer die Unterhaltspflicht an den Pfründe- (Wohn- und Wirtschafts-)Gebäuden obliegt, daß er also für die Wendung der sog. kleinen Baufälle aufzukommen hat. Es handelt sich hier aber nicht um eine bürgerlich-rechtliche Baupflicht an den Pfründegebäuden, sondern um eine öffentlich-rechtliche, weil aus dem Pfründenießbrauch entspringende, Verbindlichkeit des Pfründebesitzers [21]).

Die Frage, was kleine und große Baufälle sind, wo also die Unterhaltspflicht des Pfründebesitzers (kleine Baufälle) aufhört und die eigentliche Kultusbaulast (große Baufälle) einsetzt, ist nach den gleichen Rechtssätzen zu beantworten, wie die Frage der Unterhaltspflicht überhaupt. Nach der V. vom 28. Febr. 1851 § 97 sollen allerdings die Vorschriften dieser V. „unbeschadet wohlerworbener Rechte" auf die unter A bezeichneten Gebäude Anwendung finden; die §§ 7—24 handeln „von den kleinen Baufällen, deren Wendung den Nutznießern der Staatsgebäude obliegt", die §§ 25 bis 36 „von den großen Baufällen" [22]). Die Regelung greift aber nur insofern Platz, als sie

---

[21]) Meurer III S. 550; VGH. 8 S. 127; 10 S. 304; 12 S. 173; 25 S. 318; Entsch. vom 18. Jan. 1907, abgedruckt VGH. 29 S. 62 Fußnote; auch KMBl. 1907 S. 574.

[22]) Für die neuere Zeit siehe auch ME. vom 30. Juni

die regelmäßige Abgrenzung zwischen den beiden Arten von Baufällen darstellt, also nicht Rechtsnorm, sondern Auslegungsregel ist[23]).

Wegen des Tünchens von Wand- und Deckenflächen hat das Staatsministerium des Inn. in der Erläuterung der genannten V. für die Staatsgebäude folgende Regelung getroffen: Das Tünchen von Wand- und Deckenflächen einschließlich des Abschieferns der abgelösten Farbe und der Verputzausbesserung zählt zu den kleinen Baufällen. Müssen gleichzeitig Wand- und Deckenflächen ganz oder teilweise neu verputzt werden, so gelten gleich dieser Arbeit auch das Abschiefern und Tünchen als große Baufälle. Die Beseitigung unbenützbar gewordener Tapeten fällt ausschließlich dem Nutznießer zur Last[24]).

Über die besonders gestaltete Haftungsverbindlichkeit des Pfründebesitzers, der an das Staatsärar einen Baukanon zu zahlen hat (V. § 98), siehe unten bb γ.

Eine Ausnahme besteht für die Gebäude der sogenannten organisierten Pfarreien, d. h. für jene Pfarreien, die aufgelösten geistlichen Körperschaften einverleibt (inkorporiert) waren und, nachdem durch die Säkularisation das Vermögen der Stifter und Klöster samt den darauf haftenden Lasten an den Staat überging, jetzt vom Staat ausgestattet (dotiert) werden mußten[25]).

Für sie bestimmt die ME. vom 28. Nov. 1844[26]), daß die kleinen Baufälle der Nutznießer zu wenden hat, daß aber „die V. vom

---

1924 Nr. 3601 a 3, 6. Dez. 1924 Nr. 3601 a 14, 27. Nov. 1930 Nr. 9123 b 1, 9. Juni 1933 Nr. 9257/7.

[23]) Meurer III S. 551—553.

[24]) ME. vom 30. Sept. 1915 Nr. 4001 a 4 betr. Benützung und Unterhaltung der Staatsgebäude.

[25]) v. Henle, Handbuch der inneren Verwaltung S. 314.

[26]) Weber III S. 561.

Jahre 1819 [27]) über die Ausscheidung der großen und kleinen Baufälle auf diese Pfarrhöfe keine Anwendung finde, vielmehr daß die diesfallsigen Verbindlichkeiten der Pfarrer vor allem nach den jeden Orts bestehenden Gesetzen, Statuten oder rechtsgültigen Gewohnheiten zu bemessen seien und daß dieselben in Ermangelung solcher spezieller Bestimmungen jene Ausgaben für kleine Baufälle zu bestreiten haben, zu denen jeder Mietsmann an den gegebenen Orten verpflichtet ist". Die ME. vom 27. Dez. 1867 [28]) wiederholt, daß die V. vom 28. Febr. 1851, die an die Stelle der V. vom 13. Aug. 1819 getreten ist, bezüglich der Ausscheidung der großen von den kleinen Baufällen auf die Gebäude der organisierten Pfarreien keine Anwendung findet. Bei den organisierten Pfarreien kommen also für die Abgrenzung der kleinen und großen Baufälle mangels besonderer Vorschriften die Bestimmungen des bürgerlichen Rechts, also seit 1. Jan. 1900 die des BGB. über die Miete zur entsprechenden Anwendung.

Die Unterhaltspflicht und die Baulast erstreckt sich auch auf das Zubehör, also insbesondere auf Ställe, Scheune, Heustadel, Waschhaus, Holzschuppen, notwendige Garteneinfriedigungen.

Die Wasserversorgung, also die Bereitstellung und Unterhaltung der Brunnen und, wenn solche nicht vorhanden oder aufgelassen sind, von Wasserleitungen, bildet einen Gegenstand der Baupflicht [29]).

Die Herstellung und Unterhaltung von Blitzableitern auf den Pfarrgebäuden bildet keinen Teil der Baupflicht. Nach der für diese Gebäude noch geltenden [30]) V. vom 20. Nov.

---

[27]) V. vom 13. Aug. 1819 (Stoll II S. 31).

[28]) Weber VII S. 167.

[29]) Verhandlungen der KdAbg. des bayer. Landtags 1909/1910 Beil.-Bd. X S. 244.

[30]) KGO. Art. 112 Abs. I Buchst. A Ziff. 1.

1815 (Weber I S. 484) sollen zwar alle größeren Gemeinde-, Stiftungs- und Kirchengebäude sowie die Staatsgebäude mit Blitzableitern versehen werden; ein notwendiges Zubehör für die Pfarrpfründegebäude sind jedoch die Blitzableiter nicht [31]). In dem Baufallschätzungsverfahren, in dem nur die Haftungsverbindlichkeit der Baupflichtigen festgestellt wird, wären also die Kosten für eine etwaige Ausbesserung der Blitzableiter auszuscheiden [32]).

Auch die Einrichtung der elektrischen Beleuchtung bildet keinen Teil der Baupflicht; der Staat hat früher Zuschüsse gewährt bei Gebäuden, an denen er die Baupflicht hat [33]), nunmehr sind solche „im Hinblick auf die mißliche Finanzlage des Staates" eingestellt [34]).

bb) Die Baukostenbeiträge.

Eine Besonderheit besteht für die Nutznießer jener Pfründegebäude, welche an das Staatsärar einen Baukostenbeitrag (Baugeld, Baukanon, Bauschilling) zahlen.

α) Geschichtliche Entwicklung des Baukostenbeitrags.

Hochstift Würzburg.

Die Baukostenbeiträge gehen im Gebiet des ehemaligen Hochstiftes Würzburg [35]) sehr weit zurück. Die Allerhöchsten Verordnungen, die in der „Sammlung der hochfürstlich-wirzbergischen

---

[31]) ME. vom 29. Juli 1878 Nr. 6785, vom 13. Juni 1882 Nr. 8465; ME. vom 13. Juni 1882 (Weber XV S. 704); auch KME. vom 30. April 1926 Nr. II 16892 betr. Blitzableiteranlagen auf Gebäuden mit staatlicher Baupflicht.

[32]) Über das Rechtsverhältnis nach Inkrafttreten der Diözes.-S. siehe unten.

[33]) Näheres v. Henle, Handbuch der inneren Verwaltung S. 370.

[34]) KME. vom 7. Nov. 1923 Nr. 47907 betr. Einrichtung der elektr. Beleuchtung in Pfarrhäusern.

[35]) Über Gebietsumfang siehe Weber Anhangband S. 77—79.

Landesverordnungen" vom Jahre 1776 enthalten sind, sprechen nur von der Art der Entrichtung der bereits festgesetzten „Baugelder" („quota annua")[36]. Die Pfarrer der früheren Jahrhunderte scheinen ihre Verpflichtung zur Unterhaltung der Pfarrhäuser nicht sehr ernst genommen zu haben; die Pfarrhäuser gerieten immer mehr in einen üblen baulichen Zustand. Die Folgen waren ständige Klagen der Nachfolger und eine bedeutende Belastung der Baupflichtigen im eigentlichen Sinne. Die Staatsaufsicht sah sich deshalb schon vorzeitig zum Eingreifen verpflichtet: Es wurde zunächst den Pfarrern die Auflage gemacht, ein gewisses Baugeld in ihre Gebäude zu verbauen und die Verwendung in einer Rechnung nachzuweisen. Diese Regelung führte jedoch nicht zu dem erstrebten Ziel, da die Nutznießer die Baugelder oft mehr zu unnötigen als zu nötigen Verrichtungen verwendeten; es wurde deshalb angeordnet, daß das Baugeld an den „Ruraldechanten" bei der alljährlichen Visitation eingeliefert werden mußte. Nur unumgänglich notwendige Verbesserungen durften vor der Visitation des Dechants vorgenommen werden. Die Gelder waren vom Dechant „zu unserer neueingerichteten Bau-Cassa ohne eigene Defalcation an barem Geld und guten gangbaren Sorten" einzuschicken[37].

Seit dem Jahre 1804 zahlen die Pfarrer das Baugeld an das Rentamt, nun Finanzamt, wenn dem Staat die Baulast oblag.

Die Höhe des jährlichen Baugeldes wurde nach den Einkünften der Pfarrei festgesetzt; nach der V. vom 4. Aug. 1731[38]) betrug sie fünf

---

[36]) Mandat vom 22. März 1686 — Sammlg. I 344 — Ziff. 6.

[37]) Mandat vom 11. März 1687 und 3. März 1688 — Samml. I S. 356, 369; Kirchenordnung für das Hochstift und Bistum Würzburg vom 30. Juli 1693, Ziffer 138 bis 141 — Samml. I 426, 450 —.

[38]) Samml. Bd. II 29.

Gulden; der Baukostenbeitrag betrug zuletzt 5, 10 und 20 Gulden (= 8,57, 10,71, 21,43 *RM*).

Erzstift Mainz.

Die gleiche Entwicklung der Baugelder ist im Erzstift Mainz [39]) festzustellen. Die Klagen über die Vernachlässigung der Pfarrhäuser und die Anordnungen über Bezahlung, Verwendung und Höhe der Baugelder traten wie im Würzburgischen auch hier auf [40]).

Für die übrigen Teile Bayerns siehe Meurer III S. 559—561. Für die neuere Zeit ist besonders auf die V. vom 8. Juli 1811, die Baufälle bei den Pfarrhöfen und Benefizialhäusern betr. (Weber I S. 349) zu verweisen.

β) Rechtliche Natur des Baukostenbeitrags.

Das Wesen des Baukostenbeitrags besteht also darin, daß die Pfründebesitzer an den Staat alljährlich eine bestimmte Geldleistung machen mußten, wogegen letzterer die den Pfründebesitzern als Nutznießer der Pfründegebäude obliegende Unterhaltspflicht (Wendung der sogen. kleinen Baufälle) übernahm.

Seiner rechtlichen Natur nach stellt sich die Einrichtung der Baukostenbeiträge hiernach nicht als eine primär fiskalische Maßnahme der Ablösung der Baupflicht an den Pfründegebäuden, sondern als Kuratelmaßnahme dar, welche einseitig von der Landesverwaltung kraft ihres obersten Schutz- und Aufsichtsrechts über die Pfründestiftung verfügt wurde [41]).

---

[39]) Über Gebiet s. Weber Anhangband S. 79, 80.

[40]) Dekret des Erzbischofs Anselmus Franziskus von Mainz vom 20. Febr. 1683 an den „Keller zu Lohr"; Ausschreiben des Domkapitels Mainz vom 12. Febr. 1736; auch Amrhein, Kultusbaurecht und Kultusbauverhältnisse im Gebiet des Mainzer Landrechts 1910 S. 39, 40; Meurer III S. 561.

[41]) ME. vom 3. März 1924 Nr. 4206, betr. die Baukostenbeiträge der Pfründeinhaber im Gebiete des ehe-

Daraus folgt, daß die Baukostenbeiträge einseitig ohne Zustimmung des Pfründebesitzers vom Staat geändert oder aufgehoben werden können [41]).

Den gleichen Standpunkt nimmt das Staatsministerium für Unterricht und Kultus ein für die Pfarreien im Gebiete des ehemaligen Erzstiftes Mainz [42]).

γ) Die V. vom 28. Februar 1851 § 98.

Neben der Verpflichtung zur Entrichtung des Baukostenbeitrags an den Staat hatten die Nutznießer der Pfarrgebäude noch die Pflicht zur Vornahme gewisser Baumaßnahmen nach der V. vom 28. Febr. 1851 § 98:

„Die Nutznießer jener Pfarr- und Beneficiatgebäude, welche an das Staatsärar einen Baucanon bezahlen, sind, unbeschadet wohlerworbener Rechte, gehalten, alle Räumungen und Reinigungen, mit Inbegriff des Weißens, dann des Ausputzens und Schwärzens der Oefen, sowie die aus Mangel an Aufsicht, aus Fahrlässigkeit, durch gewaltsame Beschädigungen und aus Mißbrauch in der Benützung überhaupt entstehenden Kosten, namentlich jene für Nachschaffung verlorner Schlüssel und zerbrochener Fensterscheiben, zu bestreiten."

δ) Zusammenfassendes Ergebnis.

Bei den Pfründen, deren Inhaber einen Baukostenbeitrag an den Staat zahlen mußten, hatte der Pfründebesitzer unbeschadet wohlerworbener Rechte nur die unter γ bezeichneten Maßnahmen auszuführen; die übrigen den Pfründebesitzern nach gemeinem Recht treffenden kleinen Bau-

---

maligen Hochstifts Würzburg, ergangen an das Landesfinanzamt Würzburg, Zweigstelle für bayer. Angelegenheiten.

[42]) KME. vom 12. August 1927 Nr. II 33239, betr. Pfarrgebäude Rothenbuch; hier Baukostenbeitrag, ergangen an die Regierung, K. d. J., von Unterfranken und Aschaffenburg.

fallwendungen übernahm der Staat als Gegenleistung für die Bezahlung des Baukostenbeitrages.

b) Die Zeit vom Inkrafttreten der Diözesansatzung vom 9. Jan. 1922 ab.

aa) Das Religionsgesellschaftliche Steuergesetz und die Diözesansatzungen.

α) Nach der Reichsverfassung vom 11. Aug. 1919 (RGBl. S. 383) Art. 137 Abs. VI sind die Religionsgesellschaften, welche Körperschaften des öffentlichen Rechts sind, berechtigt, auf Grund der bürgerlichen Steuerlisten nach Maßgabe der landesrechtlichen Bestimmungen Steuern zu erheben. Auch die Verfassungsurkunde des Freistaats Bayern vom 14. August 1919 (GVBl. S. 531) gewährleistet Religionsgesellschaften und Religionsgemeinden, welche die Rechtsstellung von Körperschaften des öffentlichen Rechtes besitzen, die Besteuerung ihrer Mitglieder auf Grund der bürgerlichen Steuerlisten innerhalb der Schranken der Verfassung (§ 18 Abs. III). In Bayern wurden diese landesrechtlichen Bestimmungen getroffen durch das Religionsgesellschaftliche Steuergesetz vom 27. Juli 1921 (GVBl. S. 459 [RelStG.]), in Kraft getreten am 1. April 1920 (Art. 20)[43]. Nach Art. 1 und 2 dieses Gesetzes sind die Religionsgesellschaften des öffentlichen Rechts — in der kath. Kirche die Diözesen — und die Religionsgemeinden des öffentlichen Rechts befugt, „für ihre Zwecke" Umlagen zu erheben.

Welches diese Zwecke sind, gibt das Gesetz nicht an. Es hat vielmehr ihre Bestimmung den Religionsgesellschaften selbst überlassen. Jedenfalls

[43]) Im Gebiete des ehem. Freistaats Coburg in Kraft getreten am 1. April 1921 (MinBek. vom 11. Dez. 1921, StAnz. 292).

fällt darunter die Befriedigung der Ortskirchenbedürfnisse. Die Religionsgesellschaften können unbestrittenermaßen nach ihrem Ermessen den Kreis der aus den Kirchenumlagen zu bestreitenden Kirchenbedürfnisse gegenüber dem bisherigen Stand auch erweitern[44]).

β) Auf Grund der im RelStG. Art. 3 den Religionsgesellschaften erteilten Ermächtigung haben die bayerischen katholischen kirchlichen Oberbehörden (Diözesanbischöfe) am 9. Jan. 1922 für alle 8 Diözesansteuerverbände eine gemeinsame „Satzung für die Kirchenverwaltungen und kirchlichen Steuerverbandsvertretungen in den bayerischen Diözesen“[45]) erlassen.

In Art. 49 Abs. II ist u. a. „unbeschadet der Verpflichtungen und Leistungen Dritter“ als Ortskirchenbedürfnis erklärt:

„2. Die Herstellung und Unterhaltung der erforderlichen Gebäude für die Pfarrgeistlichen einschließlich der bisher den Pfründestiftungen oder Pfründebesitzern obliegenden Verbindlichkeiten hinsichtlich der Pfründewohngebäude abgesehen von den Mietmannspflichten.....“

Abs. VI bestimmt:

„Verpflichtungen Dritter in bezug auf die Bestreitung von örtlichen Kultusbedürfnissen, ausschließlich der bisherigen Verbindlichkeiten der Pfründestiftungen und Pfründebesitzer hinsichtlich der Pfründewohngebäude, dann die Zuständigkeiten zur Entscheidung über solche Verpflichtungen und zu vorsorglichen Maßregeln bleiben unberührt. Zur Geltendmachung

---

[44]) VGH. 48 S. 14; 50 S. 10; KME. vom 9. Sept. 1922 Nr. 4263 A I Ziff. II (abgedruckt bei Dyroff VGG. 6. Aufl. Nachtrag S. 39 und 45).

[45]) Würzburger Diözesanblatt 1922 Beilage zu Nr. 11.

jener Verpflichtungen ist sowohl die Kirchenstiftung als die Kirchengemeinde berechtigt."

Gegen die Satzung wurde vom Staatsministerium für Unterricht und Kultus mit E. vom 9. Jan. 1922 Nr. 231 keine Erinnerung erhoben mit dem Bemerken, daß „die staatlichen Zuständigkeiten im Gebiete der noch verbindlichen Teile der Kirchengemeindeordnung, sodann nach § 25 Landesverfassung und Art. 137 Abs. VI und VIII RVerf. vorbehalten bleiben".

γ) Das RelStG. wurde wiederholt geändert. Ab 1. April 1927 gilt es in der Fassung vom 1. Aug. 1923 (GVBl. S. 351)/27. Juni 1927 (GVBl. S. 223). Die hier einschlägigen Bestimmungen wurden nicht geändert.

δ) Die Diözesansatzung vom 9. Jan. 1922 wurde ersetzt durch die „Satzung für die kirchlichen Steuerverbandsvertretungen in den bayerischen Diözesen" vom 4. Nov. 1924[46]).

Art. 17 Abs. II erklärt im wesentlichen in Übereinstimmung mit Art. 49 der alten Satzung „unbeschadet der Verpflichtungen und Leistungen Dritter" als Ortskirchenbedürfnis u. a.:

„2. die Herstellung und Unterhaltung der erforderlichen Gebäude für die Pfarrgeistlichen einschließlich der bisher den Pfründestiftungen oder Pfründebesitzern obliegenden Verbindlichkeiten hinsichtlich der Pfründewohngebäude, abgesehen von den Mietmannspflichten, ferner die Unterhaltung der im Eigentum der Kirchenstiftung oder Benefiziumsstiftung stehenden Wohngebäude der Inkuratbenefiziaten, soweit die Stiftungsmittel nicht ausreichen und die Baupflicht nicht einem Dritten obliegt, sowie, wo dies bisher üblich war, der erforderlichen Gebäude

[46]) Amtsblatt der Erzdiözese München-Freising 1924 S. 43.

für die Mesner, nebst der Bezahlung der Brandversicherungsbeiträge.“

Unter Pfarrgeistliche sind auch jene in der Seelsorge vollbeschäftigten Geistlichen zu verstehen, welche die staatliche Einkommensergänzung nur für ihre Person auf Grund des Art. 7 Abs. III des Seelsorger-Einkommens-Ergänzungsgesetzes erhalten (Art. 17 Abs. II).

Art. 17 Abs. VI wiederholt die Bestimmung des Art. 49 Abs. VI der alten Satzung (Buchst. β). Auch gegen diese Satzung wurde mit ME. vom 30. Dez. 1924 Nr. II 43629 keine Erinnerung erhoben unter dem in der ME. vom 9. Jan. 1922 Nr. 231 gemachten Vorbehalt (Buchst. β).

ε) Die Rechtsgültigkeit der beiden Satzungen wurde vom Staatsministerium für Unterricht und Kultus sowie vom Verwaltungsgerichtshof wiederholt ausdrücklich anerkannt[47]).

ζ) Was den Zeitpunkt des Inkrafttretens der Diözesansatzung anlangt, so ist hiefür nach allgemeinem Rechtsgrundsatz der Tag der Veröffentlichung maßgebend. Die Satzungen sind in jeder Diözese gesondert veröffentlicht worden. Im Erzbistum München-Freising wurde die Satzung vom 9. Jan. 1922 veröffentlicht im Amtsblatt Nr. 5 vom 22. Febr. 1922, die vom 4. Nov. 1924 im Amtsblatt Nr. 2 vom 12. Febr. 1925. An diesen Tagen sind also die Satzungen in dem genannten Erzbistum in Kraft getreten. Für die übrigen Diözesen ist der Tag der Veröffentlichung in deren Amtsblättern maßgebend. Der Tag des Inkrafttretens des RelStG. — 1. April 1920 — kann wohl für das Inkrafttreten des neuen Kirchenrechts nicht maßgebend sein, da dieses Gesetz den Religionsgesellschaften und Religionsgemeinden zwar das Recht gibt, Umlagen für ihre Zwecke zu erheben und dabei diese Zwecke

---

[47]) Siehe VGH. 48 S. 14; 54 S. 60.

selbständig zu bestimmen; wann diese Körperschaften aber von diesem Recht Gebrauch machen, ist ihnen überlassen. Maßgebend für die Geltung des durch die Diözesansatzung geschaffenen Baulastrechts ist also der Tag des Inkrafttretens der Satzung, nicht der des RelStG. [47]).

bb) Die Unterhaltspflicht der Pfründebesitzer sowie die Baulast der Kirchenstiftungen und Kirchengemeinden nach der Diözesansatzung.

Wegen der Unterscheidung zwischen großen und kleinen Baufällen sowie wegen Umfang der Baupflicht kann verwiesen werden auf die Ausführungen unter Ziff. II 2 a aa. Bezüglich der Blitzableiter ist eine Änderung eingetreten. Nach der Diözesansatzung Art. 49 Abs. II Ziff. 3/Art. 17 Abs. II Ziff. 3 ist vorbehaltlich Verpflichtungen Dritter die Anbringung und Unterhaltung der „nötigen" Blitzableiter auf den „größeren" Pfarrpfründegebäuden als Ortskirchenbedürfnis erklärt. Die Baulast erstreckt sich also nach Inkrafttreten dieser Satzung im Gegensatz zu früherem Recht auch auf die Blitzableiteranlagen. Die Rechtslage ist nun die, daß die Unterhaltung einer Blitzableiteranlage auf einem Pfarrpfründegebäude, an dem der Staat die Baulast hat, dann dem Staat obliegt, wenn sie von ihm hergestellt wurde; ist eine solche Anlage bei Inkrafttreten der Diözesansatzung nicht vorhanden, so kann der Pfründebesitzer mit einem „größeren" Gebäude verlangen, daß ein Blitzableiter angebracht wird; die Kosten für die Herstellung und Unterhaltung hat dann ausschließlich die Kirchenstiftung, bei Leistungsunfähigkeit die Kirchengemeinde zu tragen.

α) Die Unterhaltspflicht an den Pfründewohngebäuden.

Die Unterhaltspflicht der Pfründebesitzer an den Pfründe**wohn**gebäuden nebst Zugehörungen (insbes. Waschhaus, Holzlege, Hausgarten) hat sohin auf Grund der Diözesansatzung vom 9. Jan. 1922/4. November 1924 eine wesentliche Änderung erfahren:

Den Pfründebesitzer treffen nurmehr die Mietmannspflichten. Die bisherige weitergehende Unterhaltspflicht des Pfründebesitzers sowie die Baulast der Pfründestiftung sind mit dem Inkrafttreten der Diözesansatzung bezüglich der Pfründe**wohn**gebäude in ganz Bayern auf die Kirchenstiftungen übergegangen; sind diese nicht leistungsfähig, so müssen die Kirchengemeinden eintreten; die erforderlichen Mittel sind veranlaßtenfalls durch Kirchengemeindeumlagen aufzubringen (Diözesansatzung Art. 50/18)[48]. Verpflichtungen und Leistungen Dritter, besonders auch des Staates, bleiben unberührt; diese werden durch die Diözesansatzung von ihren Verpflichtungen nicht befreit, neue Lasten können ihnen aber nicht auferlegt werden.

Über den Begriff der Mietmannspflichten enthält weder die alte noch die neue Satzung eine Bestimmung; der bayerische Episkopat hat auch eine authentische Auslegung nicht vorgenommen. Das erzbischöfliche Ordinariat München-Freising hat zwar in seinem Amtsblatt 1924 Nr. 6 S. 53 eine „authentische Erklärung" veröffentlicht und ausgesprochen, daß u. a. „das Tünchen der Wände und Decken, die Ausbesserung von Tapeten, die Ausbesserung des Ölfarbanstrichs an Wänden, Türen, Fenstern und Böden im Innern des Hauses" dem Pfründebesitzer obliegt. Diese Feststellung kann aber nicht als authentisch gelten, weil sie nicht

[48]) KME. vom 9. Sept. 1922 Nr. 39647 (abgedruckt Dyroff VGG. 5. Aufl. Nachtrag S. 39); VGH. 48 S. 13, 22.

vom Gesetzgeber der Diözesansatzung, den Bischöfen Bayerns, ausgegangen ist; der Ausschuß der Vertretung des Diözesangesamtverbandes hat ausdrücklich von einer authentischen Erklärung vorläufig abgesehen, da die beabsichtigte Revision der V. vom 28. Febr. 1851 abgewartet werden soll; der Ausschuß hat ausdrücklich erklärt, daß „für den Umfang der Mietmannspflichten bis auf weiteres die in den einzelnen Gegenden bestehenden Bestimmungen und Gewohnheiten in Geltung bleiben"; der Gesamt-Episkopat hat sich dem angeschlossen (Klerusblatt 1925 S. 443; 1926 S. 129; 1927 S. 350). Nach der Rechtsprechung des Bayer. Verwaltungsgerichtshofes sind für die Mietmannspflichten der kath. Pfründebesitzer die Bestimmungen des bürgerlichen Rechts, also seit 1. Januar 1900 die des Bürgerlichen Gesetzbuches maßgebend, soferne nicht auf örtliches Gewohnheitsrecht — Herkommen — beruhende oder andere sonderrechtliche Bestimmungen vorhanden sind[49]).

Es fragt sich besonders, ob nicht etwa die V. vom 28. Febr. 1851 § 98 (oben 2 a bb γ) sich als eine derartige sonderrechtliche Bestimmung für die Pfründebesitzer, welche einen Baukostenbeitrag an den Staat zahlen, darstellt, die heute noch Gültigkeit hat. Der Verwaltungsgerichtshof hat diese Frage verneint aus folgenden Gründen[50]):

„Art. 137 der Deutschen Reichsverfassung vom 11. August 1919 hat das Verhältnis zwischen Staat und Kirche neu geregelt und die Zuständigkeit des Staates in kirchlichen Angelegenheiten insoweit eingeschränkt, als es sich um die von Abs. III a. a. O. erfaßten Gebiete handelt. Es kann deshalb nunmehr

[49]) VGH. 48 S. 13, 18; 49 S. 109; 50 S. 13, 22; 54 S. 60/61.

[50]) VGH. 54 S. 61.

in den den Religionsgesellschaften zur selbständigen Ordnung, Regelung und Verwaltung überlassenen Angelegenheiten durch staatliche Verordnungen nicht mehr eingegriffen werden. Soferne für diese Angelegenheiten noch staatliche Vorschriften bestehen sollten, haben sie als durch Art. 13 Abs. 1 der Reichsverfassung (Reichsrecht bricht Landesrecht) aufgehoben zu gelten. Nur soweit die Durchführung der neuen verfassungsrechtlichen Vorschriften noch eine weitere Regelung erfordert, kann die Landesgesetzgebung noch Bestimmungen treffen (Art. 137 Abs. 8 a. a. O.; Roedel, Das bayerische Kirchenrecht, 1930 Vorbem. auf S. 57).

Auf Grund letzterer Verfassungsvorschrift hat der bayerische Staat durch das Religionsgesellschaftliche Steuergesetz von 1921/1923 die nicht mehr mit der Selbständigmachung der Religionsgesellschaften zu vereinbarenden Bestimmungen der bayer. Kirchengemeindeordnung von 1912 über das Kirchenumlagenrecht beseitigt, den Religionsgesellschaften — wie schon oben dargelegt — das Recht der Umlagenerhebung für die Befriedigung ihrer kirchlichen Zwecke gegeben und die Bestimmung dieser Zwecke diesen Gesellschaften selbst überlassen (Roedel, a. a. O., Vorbem. auf S. 139).

Damit hat der bayerische Staat stillschweigend auf die fortdauernde Gültigkeit seiner bisherigen Vorschriften auf jenen kirchlichen Gebieten verzichtet, die nunmehr von den Religionsgesellschaften selbst in ihren kirchlichen Satzungen geregelt werden können.

Der katholische Diözesanverband hat von der ihm reichs- und landesrechtlich eingeräumten Befugnis zur selbständigen Regelung seiner Angelegenheiten durch Erlassung der als Kirchengesetz zu erachtenden Einheitssatzung von 1922/1924 Gebrauch gemacht. Er hat darin auch bestimmt, daß zu den von der Kirchenstiftung und bei ihrer Leistungsunfähigkeit von der Kirchengemeinde zu befriedigenden Ortskirchenbedürfnissen die Herstellung und Unterhaltung der Pfründe**wohngebäude** gehört, ausgenommen die Mietmannspflichten (Art. 17 Abs. II Ziff. 2 a. a. O.).

Die mit dieser kirchengesetzlichen Vorschrift in Widerspruch stehende Regelung der Haftungsverbindlichkeit des Pfründebesitzers in § 98 der bayer. Verordnung von 1851 hat hienach als außer Kraft getreten zu gelten."

Der Verwaltungsgerichtshof weist noch auf die ME. vom 3. März 1924 Nr. 4206 hin (unten γ), die ebenfalls für diese Ansicht spricht.

Die besondere Haftungsverbindlichkeit des Pfründebesitzers nach der V. vom 28. Febr. 1851 § 98 besteht demnach nicht mehr; seine Unterhaltspflicht regelt sich nur nach der Diözesansatzung, wenn nicht besondere Verhältnisse vorliegen.

Für die **Abgrenzung der Mietmannspflichten** kommen in Betracht

BGB. § 536:

„Der Vermieter hat die vermietete Sache dem Mieter in einem zu dem vertragsmäßigen Gebrauch geeigneten Zustand zu überlassen und sie während der Mietzeit in diesem Zustand zu erhalten."

§ 548:

„Veränderungen oder Verschlechterungen der gemieteten Sache, die durch den vertragsmäßigen Gebrauch herbeigeführt werden, hat der Mieter nicht zu vertreten."

Den Pfründebesitzer treffen also nur die Maßnahmen, die auch in einem Privathaus nach den Bestimmungen des BGB. dem Mieter und nicht dem Vermieter obliegen. Hierher gehören besonders Durchsehen, Entrosten und Ölen der Schlösser, Reinigen des Küchenherdes und Schwärzen der Eisenteile, Schwärzen der Öfen in den Zimmern. Die Beweislast dafür, daß der veränderte Zustand der Sache wirklich nur auf vertragsmäßigen Gebrauch zurückzuführen ist, trifft den Pfründebesitzer (Staudinger, Komm. BGB. § 548 Anm. 1 Buchst. c).

Alle die bauliche Unterhaltung des Wohngebäudes nebst Zugehörungen (Zimmer, Küche, Speise, Vorplatz, Aborte, Treppen, Waschküche, Dachkammer) bezielenden Arbeiten scheiden aus den Mietmannspflichten des Pfründebesitzers aus. Die Tünchungen der Zimmer und sonstigen Innenräume des Wohngebäudes werden durch die Benützung, durch Staubablagerung usw. im Laufe längerer oder kürzerer Zeit naturgemäß verbraucht und müssen zur Erhaltung der Wohnlichkeit von Zeit zu Zeit erneuert werden; die Erneuerung der Tünchung gehört daher zur gewöhnlichen baulichen Unterhaltung des Wohngebäudes; Tünchen und Weißen obliegen sohin dem Pfründebesitzer nicht. Das gleiche gilt für das mit diesen Arbeiten zusammenhängende Reinigen dieser Räume. Auch für das Ölen der Fußböden und das Lasieren des Fußbodens in der Pfarr-Registratur hat der Pfründebesitzer nicht aufzukommen, es müßte denn sein, daß diese Maßnahmen durch ordnungswidrigen Gebrauch oder durch sonstiges Verschulden des Pfründebesitzers notwendig geworden sind (siehe II 1)[51].

β) Die Unterhaltspflicht an den Pfründewirtschaftsgebäuden.

Bezüglich der Pfründewirtschaftsgebäude (Ställe, Scheunen, Heustadel) hat die Diözesan-

[51]) VGH. 48 S. 17; 49 S. 109; 54 S. 63.

satzung keine Änderung getroffen; es bleibt bei den bisherigen Bestimmungen. Wo an diesen Gebäuden der Pfründebesitzer die kleinen Baufälle bisher zu wenden hat, hat es hiebei sein Bewenden [52]). Es kann verwiesen werden auf die Ausführungen unter Ziff. 2 a, aa. Wenn nicht besondere örtliche Statuten oder rechtliche Gewohnheiten vorliegen, bestimmt sich die Unterhaltspflicht des Pfründebesitzers an den Pfründewirtschaftsgebäuden seit 1. Jan. 1900 nach den Bestimmungen des BGB. über Nießbrauch. In Betracht kommen vor allem folgende Bestimmungen:

§ 1036.

„Der Nießbraucher ist zum Besitz der Sache berechtigt.

Er hat bei der Ausübung des Nutzungsrechtes die bisherige wirtschaftliche Bestimmung der Sache aufrechtzuerhalten und nach den Regeln einer ordnungsmäßigen Wirtschaft zu verfahren."

§ 1041.

„Der Nießbraucher hat für die Erhaltung der Sache in ihrem wirtschaftlichen Bestand zu sorgen. Ausbesserungen und Erneuerungen liegen ihm also insoweit ob, als sie zu der gewöhnlichen Unterhaltung der Sache gehören."

§ 1050.

„Veränderungen oder Verschlechterungen der Sache, welche durch die ordnungsgemäße Ausübung des Nießbrauchs herbeigeführt werden, hat der Nießbraucher nicht zu vertreten."

Darnach hat also der Nießbraucher bei der Ausübung seines Nutzungsrechts nach den Regeln einer ordnungsmäßigen Wirtschaft zu ver-

[52]) VGH. 48 S. 13, 22.

fahren, für die Unterhaltung der Sache in ihrem wirtschaftlichen Bestand zu sorgen; Ausbesserungen und Erneuerungen obliegen ihm nur insoweit, als sie zu der gewöhnlichen Unterhaltung der Sache gehören; er hat weiter für die durch Versäumnis dieser Pflichten verursachten Schäden aufzukommen. Er hat dagegen nicht zu vertreten Veränderungen und Verschlechterungen der Sache, die durch die ordnungsgemäße Ausübung des Nießbrauchs herbeigeführt werden.

Es ist darnach zu prüfen, ob eine Ausbesserung zur gewöhnlichen Unterhaltung der Sache gehört oder sich als eine außergewöhnliche Ausbesserung oder Erneuerung darstellt. In den ersteren Rahmen werden jedenfalls die in kürzeren Zeiträumen regelmäßig wiederkehrenden geringfügigen Ausbesserungen fallen. Im übrigen muß die Frage, ob eine Ausbesserung in die eine oder andere Kategorie gehört, nach den Umständen des Einzelfalles und den eben erörterten Richtpunkten beantwortet werden. Dabei kann die V. vom 28. Febr. 1851 gewisse Anhaltspunkte bieten.

In Anwendung dieses Grundsatzes hat der Verwaltungsgerichtshof dem Nutznießer alle Unterhaltungsarbeiten an Türen, Fenstern, Öfen und Schlössern, das Weißen und Streichen der Wände, die Ausbesserungsarbeiten am Verputz, die Unterhaltung der Dachungen, das Ausbessern der Zäune, Umfriedigungen und Rohrleitungen, das Reinigen der Räume im ganzen zur Wendung zugewiesen.

Die Unterhaltspflicht des Pfründebesitzers umfaßt jedoch nicht die Neubauten, dann Bauvorkehrungen, bei denen ganze Teile eines Gebäudes (Fußböden, Decken, Türen, Fensterstöcke) oder Teile einer Mauer im Fundament zu erneuern oder einzelne Balken, Schwellen usw. auszuwechseln sind. Auch Erneuerungen des Sockelverputzes, Ausbessern des Gewölbes,

Weißen in den Ställen, Entfeuchtungsarbeiten, obliegen dem Pfründebesitzer nicht, wenn die starke Durchfeuchtung der Umfassungsmauern auch die Unterhaltung des Inneren beeinträchtigt. Alle diese Maßnahmen können dem Pfründebesitzer nicht überwiesen werden, wenn sie aus einem von ihm nicht verschuldeten mangelhaften baulichen Zustande der Gebäude entstanden sind[53]).

γ) Baukostenbeiträge.

Durch die Diözesansatzung ist die Baulast der Pfründebesitzer und damit das Substrat der Baukostenbeiträge weggefallen (hinsichtlich der Pfründewohngebäude und teilweise auch hinsichtlich jener Gebäudeteile und Baueinrichtungen, die gemeinsamen Zwecken der Wohn- und Wirtschaftsgebäude dienen (Keller innerhalb der Wirtschaftsgebäude, Schuppen für Brennstofflagerung, Brunnen, Zäune, Einfahrtstore usw.). Die weitere Einhebung dieser Baukostenbeiträge zu Lasten des Pfründebesitzers und im weiteren Verfolg die vertretungsweise Forterfüllung einer dem Pfründebesitzer nicht mehr obliegenden Last durch den Staat ist mit der neuen Rechtsentwicklung nicht mehr vereinbar.

Die Staatsministerien für Unterricht und Kultus und der Finanzen haben deshalb zunächst für das Gebiet des ehemaligen Hochstifts Würzburg mit E. vom 3. März 1924 Nr. 4206 ab 1. April 1924 folgendes angeordnet:

„a) Soweit es sich um Pfründen mit Wohn- und Ökonomiegebäuden handelt, ist die weitere Einhebung des Baukostenbeitrags insoweit zu unterlassen, als dieser Beitrag auf die Wohn-

---

[53]) VGH. 8 S. 130; 10 S. 304; 12 S. 173; 25 S. 318; 48 S. 17; 49 S. 109; 54 S. 63; Entsch. vom 18. Jan. 1907 (abgedruckt 29 S. 62 Fußnote; KMBl. 1907 S. 574.

gebäude und auf die anteilige Unterhaltung der Wohn- und Ökonomiezwecken gemeinsam dienenden Gebäudeteile und Baueinrichtungen auszuscheiden ist. Im Zweifel ist der seitherige Baukostenbeitrag zu halbieren und für die Folge nur mehr mit der Hälfte einzuziehen. Die Baufälle an den Wohngebäuden sind demgemäß für die Folge von der Kirchenstiftung und Kirchengemeinde, jene an den eigentlichen Ökonomiegebäuden, insolange als die Erhebung des geminderten Baukostenbeitrags noch als Kuratelmaßnahme fortbesteht, als Gegenleistung für diese Beiträge wie bisher vom Staate, endlich die Baufälle an den für Wohn- und Ökonomiezwecke gemeinsamen Gebäudeteilen und sonstigen baulichen Einrichtungen für gemeinsame Rechnung des Staates und der Kirchenstiftung bzw. Kirchengemeinde zu wenden.

b) Soweit es sich um Pfründen ohne Ökonomiegebäude, also mit bloßen Wohngebäuden handelt, wird die seitherige Kurateleinrichtung der Baukostenbeiträge aufgehoben. Die Baukostenbeiträge sind daher in diesen Fällen nicht mehr zu erheben. Demgemäß obliegt hier die Wendung der Baufälle für die Folge der Kirchenstiftung und Kirchengemeinde (Art. 49 der Satzung für die ortskirchlichen Steuerverbände)."

Mit Entschließung des Staatsministeriums für Unterricht und Kultus vom 8. Mai 1930 Nr. I 16674 an die Regierung von Unterfranken, K. d. J., wurde diese Regelung auch auf jene Pfarrgebäude ausgedehnt, die nicht im Bereich des ehemaligen Hochstifts Würzburg liegen.

δ) Wie die Baupflichtsverhältnisse an den unter Buchst. A bezeichneten kath. Pfarrpfründegebäuden unter besonderer Berücksichtigung der für Unterfranken ab 1. April 1924 getroffenen Regelung der Baukostenbeiträge sich darstellen, ergibt nachstehende Übersicht.

Arten der Pfründegebäude	Pfründe**wohn**gebäude			Pfründner**wirtschafts**gebäude		Die Wohn- u. Wirtschaftszwecken gemeinsam dienenden Gebäudeteile u. sonst. baul. Einrichtungen		
	große Baufälle	kleine Baufälle		große Baufälle	kleine Baufälle	große Baufälle	kleine Baufälle	
		Mietmannspflichten	die übrigen kleinen Baufälle				Mietmannspflichten	die übrigen kleinen Baufälle
A. Pfründegebäude **ohne** Baukostenbeitrag	Staat	Pfründebesitzer nach den Bestimmungen über Miete (BGB. § 536)*) — Diözesan-Satzung Art. 17 Abs. II Ziff. 2 —	Kirchenstiftung (Kirchengemeinde) — Diözes.-Satzung Art. 17 Abs. II Ziff. 2 —	Staat	Pfründebesitzer nach den Bestimmungen über Nießbrauch (BGB. §§ 1041, 1050)	Staat	Pfründebesitzer	Kirchenstiftung (Kirchengemeinde) und Pfründebesitzer je zur Hälfte
B. Pfründegebäude **mit** (gemindertem) Baukostenbeitrag								
1. Pfründen **mit** Wirtschaftsgebäuden	"	" (Baukostenbeitrag aufgehoben)	"	"	Staat als Entgelt f. den (gemindert.) Baukostenbeitrag	"	Pfründebesitzer	Staat und Kirchenstiftung (Kirchengem.) je zur Hälfte
2. Pfründen **ohne** Wirtschaftsgebäude	"	"	"		—		—	—

*) VO. v. 28. Februar 1851 § 98 aufgehoben (VGH. 54 S. 57).

C. Zuständigkeit zur Anordnung und Vornahme der Baufallschätzung.

Während die V. vom 28. Febr. 1851 § 98 als in Widerspruch stehend mit der neuen kirchlichen Gesetzgebung nicht mehr gültig ist, haben die übrigen Bestimmungen dieser V., insbesondere die formellen, über die Baufallschätzung ihre Gültigkeit nicht verloren, weil die Diözesansatzung keine Bestimmung enthält über die Baufallschätzung, sohin ein Widerspruch zwischen den beiden Vorschriften nicht besteht.

I. Zuständigkeit zur Anordnung der Baufallschätzung.

Zuständig zur Anordnung der Baufallschätzung ist die Regierung als Pfründeaufsichtsstelle [54]).

Die Baufallschätzung ist stets anzuordnen, wenn „infolge einer Versetzung, Quieszierung, Resignation, eines Todesfalles oder einer anderen Ursache" ein unter Ziffer I bezeichnetes Gebäude „von den bisherigen Nutznießern oder Bewohnern verlassen" wird [55]), sohin bei jeder Erledigung einer kath. Pfarrpfründe der fraglichen Art.

Wie erfährt die Regierung, K. d. I., von der Erledigung der Pfründen?

Die früher vorgeschriebenen Anzeigen über Erledigung der Pfründen, insbesondere durch Todesfall und Verzicht (Resignation), sind im Hinblick auf RVerf. Art. 137 Abs. III mit BU. § 18 Abs. III, wonach die Religionsgesellschaften ihre Angelegenheiten selbständig innerhalb der Schranken des für alle geltenden Gesetzes regeln und ihre Ämter ohne Mitwirkung des

---

[54]) V. vom 28. Febr. 1851 — § 75 —; Formations-Verordng. vom 17. Dez. 1825 (Weber II S. 279) § 74.

[55]) V. vom 28. Febr. 1851 (§ 75).

Staates oder der bürgerlichen Gemeinde verleihen, weggefallen[56]).

Das Verfahren für die Besetzung von kath. Pfarreien und Benefizien ist im Hinblick auf das bayer. Konkordat vom 29. März 1924 (GVBl. 1925 S. 53) Art. 14 § 3 durch ME. vom 12. April 1925 Nr. II 472 so geregelt, daß

a) bei Verleihung von Pfarreien durch den Bischof auf dem Wege der freien oberhirtlichen Vergebung (libera collatio) oder auf Grund Vorschlags (Präsentation) oder Nomination eines Privatpatrons die kirchliche Oberbehörde die Personalien des in Aussicht genommenen Geistlichen der Regierung, Kammer des Innern, zur allenfallsigen Erinnerungsabgabe und später auch die Besetzung mitteilt,

b) bei Besetzung erledigter staatlicher Patronats- oder Präsentationspfründen oder -stellen wie nach dem bisherigen Recht die Bewerber durch Ausschreiben der Regierung zur Einreichung ihrer Gesuche aufgefordert werden; die Verhandlungen werden nach Einholung der Äußerung der kirchlichen Oberbehörde dem Staatsministerium für Unterricht und Kultus vorgelegt; dieses trifft die Auswahl des vorzuschlagenden Geistlichen, der durch die Regierung, K. d. J., der kirchlichen Oberbehörde präsentiert wird.

II. Zuständigkeit zur Vornahme der Baufallschätzung.

Die Anordnung der Regierung ergeht an das Landbauamt, in dessen Bezirk das Pfründegebäude liegt[57]). Zuständig zur Vor-

---

56) ME. vom 28. Febr. 1921 (KMBl. S. 85); Verzicht: KME. vom 10. April 1929 Nr. II 14571.

57) V. vom 28. Febr. 1851 § 75; V. vom 23. Jan. 1872, die Organisation des Staatsbauwesens betr. (Weber IX S. 288 § 31); s. auch ME. vom 30. Juli 1877, die Baufallschätzungen an Staatsgebäuden betr. (Weber XII S. 153).

nahme der Baufallschätzung ist also das Landbauamt. Dieses Amt kann, wenn Schwierigkeiten bei der Durchführung zu befürchten sind, die Bezirkspolizeibehörde (Oberbürgermeister oder Bezirksamt) beiziehen[58].

D. Verfahren.

Das Verfahren richtet sich nach der V. vom 28. Febr. 1851 §§ 76—82, die, wie bereits unter C ausgeführt, ihre Gültigkeit nicht verloren haben.

I. Die Beteiligten.

Das Landbauamt hat zunächst den Kreis derjenigen Personen festzustellen, die als Beteiligte im engeren Sinne und als Sachverständige bei der Baufallschätzung beizuziehen sind.

Als solche kommen in Betracht

1. der abgehende Pfründebesitzer, bei Tod dessen Erben. Wer Erbe ist, ist beim Amtsgericht (Nachlaßgericht) zu erfragen. Ist ein Testamentsvollstrecker aufgestellt, so ist auch dieser neben den Erben als Beteiligter zu erachten, wenn nicht das Testament eine einschränkende Bestimmung enthält[59]; denn der Testamentsvollstrecker hat den Nachlaß zu verwalten sowie die Auseinandersetzung zwischen mehreren Erben vorzunehmen und Ansprüche gegen den Nachlaß können sowohl gegen den Erben als gegen den Testamentsvollstrecker geltend gemacht werden, wenn sein Verwaltungsrecht nicht auf einzelne Gegenstände beschränkt ist[60].

Wenn der abgehende Pfründebesitzer oder

---

[58]) V. vom 28. Febr. 1851 § 76; Meurer III 605, auch 607 nimmt mit Unrecht die Zuständigkeit der Verwaltungsbehörde bei dieser Art von Pfründegebäuden an.

[59]) VGH. 14 S. 14; BGB. §§ 2197 ff.

[60]) BGB. §§ 2203—2205; § 2213.

dessen Erben keinen Bevollmächtigten aufstellen, ist ein Mitglied des Gemeinderats beizuziehen [61];

2. der neue Pfründebesitzer, wenn er bereits ernannt ist, und der Verweser des Pfarramts. Die V. schreibt zwar vor, daß der am Orte anwesende neue Pfründebesitzer beizuziehen ist; es empfiehlt sich aber den neuen Pfründebesitzer und den Verweser zum Baufallschätzungstermin zu laden, da ersterer von dem Ergebnis der Baufallschätzung doch zweckmäßig zu verständigen ist und letzterer über die Bauschäden unter Umständen wertvollen Aufschluß geben kann;

3. die kath. Kirchenverwaltung als gesetzliche Vertreterin der kath. Kirchenstiftung und Kirchengemeinde im Hinblick auf das durch die Diözesansatzung geschaffene neue Recht [62]);

4. die von den vorstehend bezeichneten Beteiligten etwa benannten Sachverständigen; sie nehmen auf Kosten ihrer Auftraggeber an der Baufallschätzung teil [63]).

Beigezogen werden zweckmäßig auch die Handwerksmeister, mit denen Vertrag über die Ausführung der Arbeiten abzuschließen ist (Ziff. II, 3).

II. Die Baufallschätzung.

1. Festsetzung der Zeit und Ladung der Beteiligten.

Das Landbauamt hat alsdann Termin zur Vornahme der Baufallschätzung an Ort und Stelle anzuberaumen. Zu diesem Termin sind die Beteiligten (Ziff. I) ordnungsgemäß zu laden. In der Ladung ist Ort und Zeit der Baufallschätzung mitzuteilen; die Beteiligten sind außerdem darauf hinzuweisen, daß sie, wenn sie nicht selbst erscheinen, Vertreter abordnen kön-

[61]) V. vom 28. Febr. 1851 § 76 Abs. III.

[62]) V. 49 S. 108; Klee-Hechtel Erg.-Band zu Dyroff VGG. S. 208.

[63]) V. vom 28. Febr. 1851 § 76 Abs. I Buchst. b.

nen, die jedoch mit gehöriger Vollmacht versehen sein müssen.

Die als Vertreter der Kirchenverwaltung erscheinenden Personen haben eine den Vorschriften entsprechende Vollmacht vorzulegen. Einschlägig ist hiefür die kirchliche Satzung Art. 25 Abs. IX; darnach bedarf die Ausfertigung der Vollmacht der Unterschrift des Vorstandes der Kirchenverwaltung, dann zweier weiterer Mitglieder und endlich der Beidrückung des Amtssiegels oder Amtsstempels. Die Vollmacht muß außerdem auf den der Vollmachterteilung zugrunde liegenden Beschluß der Kirchenverwaltung Bezug nehmen.

Wird der Vorstand der Kirchenverwaltung selbst bevollmächtigt, so ist die Vollmachtsurkunde an seiner Stelle von seinem Stellvertreter zu unterzeichnen.

Als Muster für eine ordnungsgemäße Vollmacht der Kirchenverwaltung kann Formblatt 1 empfohlen werden.

Für Beteiligte, die trotz ordnungsmäßiger Ladung im Termin weder erschienen noch vertreten sind, gilt das Nichterscheinen als stillschweigend erfolgte Anerkennung der Baufallschätzung in tatsächlicher Beziehung[64]); auch darauf wird zweckmäßig in der Ladung hingewiesen.

Nachweis über die Ladung ist zu den Verhandlungen des Landbauamts zu nehmen; die Ladung erfolgt deshalb am Orte gegen Empfangsbestätigung, auswärts gegen eingeschriebenen Brief oder gegen Postzustellungsurkunde.

Für die Ladung kann Formblatt 2 als Muster dienen.

---

[64]) V. vom 28. Febr. 1851 § 76 Abs. III; VGH. 53 S. 201; 54 S. 58.

Formblatt 1.
(Vollmacht für die Kirchenverwaltungsmitglieder)

Vollmacht.

Die Mitglieder der kath. Kirchenverwaltung

. . . .

werden hiermit auf Grund Beschlusses der Kirchenverwaltung vom . . . . 19 . . bevollmächtigt, die kath. Kirchenstiftung und die kath. Kirchengemeinde . . . . bei der Baufallschätzung an den kath. Pfarrpfründegebäuden

. . . . am . . . . . . 19 . . zu vertreten.

. . . ., den . . . . . . 19 . .

(Siegel) Der Vorstand der kath. Kirchenverwaltung[65])	Die Mitglieder der kath. Kirchenverwaltung[66])
. . . .	. . . .
	. . . .

[65]) Wird der Vorstand bevollmächtigt, so unterzeichnet sein Stellvertreter.
[66]) Die Unterschriften von zwei Mitgliedern sind erforderlich.

Formblatt 2.
(Ladung zum Baufallschätzungstermin)

Landbauamt

. . . .

Einschreiben!

Ladung.

An

1. Herrn Pfarrer .... in ......,
2. die Erben des Pfarrers ....,
   nämlich a) ....
   b) ....
   c) ....
3. Herrn .... als Testamentsvollstrecker des Pfarrers ....
4. Herrn Pfarrverweser ....
5. die kath. Kirchenverwaltung ....
   z. Hd. des Vorstandes, Herrn ....
   Beilage: 1 Formblatt für Vollmacht.
6. Herrn ....

Die kath. Pfarrei .... ist nach Mitteilung der Regierung, K. d. J., erledigt. Termin zur Vornahme der Baufallschätzung an den Pfarrpfründegebäuden wird hiermit anberaumt auf

........, den ...... 193..

.... Uhr

im Pfarrhaus in ....

Zu 1. Zu diesem Termin werden Sie als bisheriger Pfründebesitzer geladen mit dem Eröffnen, daß, wenn Sie weder im Termin erscheinen noch einen mit ordnungsmäßiger Vollmacht versehenen Vertreter entsenden, dies als stillschweigende Anerkennung des tatsächlichen Befundes der Baufallschätzung gilt. In diesem Falle wird alsdann ein Mitglied des Gemeinderates beigezogen (V. vom 28. Febr. 1851, die Benützung und Unterhaltung der Staatsgebäude betr., § 76 Abs. II und III).

Zu 2. Zu diesem Termin werden Sie als Erbe des verstorbenen bisherigen Pfründebesitzers, Pfarrer ...., geladen mit dem Eröffnen, daß .... wie Ziff. 1.

Mehrere Erben können einen gemeinschaftlichen Bevollmächtigten aufstellen.

Zu 3. Zu diesem Termin werden Sie als Testamentsvollstrecker des Pfarrers .... geladen.

Zu 4. Zu diesem Termin werden Sie als Verweser des kath. Pfarramts geladen.

Zu 5. Zu diesem Termin wird die kath. Kirchenverwaltung als Vertreterin der dortigen kath. Kirchenstiftung und Kirchengemeinde geladen.

Die als Vertreter zum Termin abgeordneten Mitglieder der Kirchenverwaltung wollen Abschrift des Beschlusses der Kirchenverwaltung, mit dem sie zur Vertretung bevollmächtigt werden, sowie eine der Diözesansatzung vom 4. Nov. 1924 Art. 25 Abs. IX entsprechende Vollmacht im Termin übergeben. Ich ersuche das beiliegende Formblatt zu benutzen.

Zu 6. Zu diesem Termin werden Sie als der von .... benannte Sachverständige geladen. Die Kosten Ihrer Teilnahme hat Ihr Auftraggeber zu tragen.

2. Der Baufallschätzungstermin.

Im Termin erörtert zunächst der Beamte des Landbauamts als Verhandlungsleiter die Baupflichtverhältnisse (siehe B I und II).

Auf Grund der letzten Baufallschätzungsverhandlungen ist sodann der Zustand festzustellen, in welchem der bisherige Pfründebesitzer die Gebäude bei seinem Dienstantritt angetroffen hat.

Alsdann ist zur Besichtigung der Gebäulichkeiten samt Zubehör zu schreiten, wobei die Schäden usw. festzustellen sind. Die Baufälle sind sofort auf die Pflichtigen zu verteilen. Einzubeziehen sind auch die Kosten für Reinigen der Räume und Beseitigen des Bauschuttes[67]).

Über die Verhandlung ist eine eingehende Niederschrift aufzunehmen[68]); ihrer Abfassung ist größtes Augenmerk zuzuwenden, da sie die Grundlage für den späteren Bescheid über die Haftungsverbindlichkeit der Beteiligten bildet. In der Niederschrift ist anzugeben, wer als Beteiligter zum Termin geladen war, wer erschienen ist, wie die Baupflichtverhältnisse bei der fraglichen Pfründe liegen; die Baufälle sind sodann ausgeschieden nach den einzelnen Räumen der Wohn- und Wirtschaftsgebäude festzustellen und die zu ihrer Wendung erforderlichen Kosten auf die Pflichtigen zu verteilen. Der Festsetzung der Kosten ist besonderes Augenmerk zuzuwenden; die Kosten sind so bestimmt zu fassen, daß sie der künftigen tatsächlichen Ausgabe gleichstehen; denn nach Feststellung der Baufallschuld ist ein Anspruch an die Beteiligten auf eine etwaige Nachzahlung ausgeschlossen[69]). Endlich ist festzustellen, ob und welche Erinnerungen die Beteiligten gegen die

---

67) V. vom 28. Febr. 1851 § 77.
68) a. a. O. § 79.
69) a. a. O. § 80 Abs. III.

Baufallschätzung erheben. Die Niederschrift ist von allen Anwesenden (Beteiligten, Sachverständigen, Bezirksamtsbeamten, Schriftführer und Verhandlungsleiter) zu unterzeichnen.

Die Niederschrift kann etwa nach folgendem Muster aufgenommen werden:

Muster 3.
(Niederschrift über die Baufallschätzung)

Niederschrift

über die Baufallschätzung an den Pfarrpfründegebäuden in .... am ...... 19..

Gegenwärtig:

. . . .

als Verhandlungsleiter

. . . .

als Schriftführer.

Die Pfarrpfründe .... ist durch ...... des Pfründebesitzers erledigt. Termin zur Vornahme der Baufallschätzung wurde im Vollzug der RE. vom ...... Nr. .... auf heute anberaumt. Zu diesem Termin wurden geladen

1. ......

2. ......

3. ......

Erschienen sind

1. ......

2. ......

Die Bevollmächtigten übergaben Vollmacht.

Der Verhandlungsleiter erörterte zunächst mit den Beteiligten die Baulastverhältnisse und stellte insbesondere folgendes fest:

Die Pfarrpfründegrundstücke stehen im Eigentum des Staates / der Pfarrpfründestiftung; die Baulast an den Pfründewohn- und -wirtschaftsgebäuden obliegt dem Staat. Der Pfründebesitzer hatte früher einen jährlichen Baukostenbeitrag von 8,75 RM (= 5 fl.) an den Staat zu zahlen, wogegen der Staat auch die Wendung der kleinen Baufälle vornahm. Der Pfründebesitzer hatte neben der Bezahlung dieses Baukostenbeitrages jedoch die in der V. vom 28. Febr. 1851 § 98 bezeichneten Leistungen zu übernehmen.

Durch die Diözesansatzung vom 9. Jan. 1922/4. Nov. 1924 Art. 49/17 ist die Unterhaltspflicht des Pfründebesitzers bezüglich der Pfründe*wohn*gebäude auf die Kirchenstiftung und bei deren Leistungsunfähigkeit auf die Kirchengemeinde übergegangen mit Ausnahme der Mietmannspflichten, die den Pfründebesitzer nach wie vor treffen. In der Unterhaltspflicht des Pfründebesitzers bezüglich der Pfründe*wirtschafts*gebäude ist eine Änderung nicht eingetreten. Mit Rücksicht auf diese Regelung wurde der Baukostenbeitrag mit Wirkung vom 1. April 1924 auf Grund der ME. vom 3. März 1924 Nr. 4206 lediglich für die Pfründewirtschaftsgebäude festgesetzt und zwar auf 3 RM.

Es haben sohin aufzukommen

1. *der bisherige Pfründebesitzer* (die Erben des bisherigen Pfründebesitzers)

a) für die Mietmannspflichten an den Pfründewohngebäuden und den Wohn- und Wirtschaftszwecken gemeinsam dienenden Gebäudeteilen nebst Zugehörungen und zwar, nachdem besondere Vereinbarungen oder ein örtliches Gewohnheitsrecht nicht bestehen, in sinngemäßer Anwendung des BGB. §§ 536, 548 (VGH. 48 S. 13),

b) für die infolge Vernachlässigung seiner Unterhaltspflicht oder infolge zweckwidrigen Gebrauchs entstandenen Bauschäden an sämtlichen Gebäuden;

2. die Kirchenstiftung oder die Kirchengemeinde

a) für die übrigen kleinen Baufälle an den Pfründewohngebäuden,

b) zur Hälfte für die Wohn- und Wirtschaftszwecken gemeinsam dienenden Gebäudeteile und sonstigen baulichen Einrichtungen (Keller innerhalb der Ökonomiegebäude, Schuppen für Brennstofflagerung, Brunnen, Zäune, Einfahrtstore usw.);

3. der Staat für alle übrigen Baufälle, nämlich

a) für die großen Baufälle an den Pfründewohn- und -wirtschaftsgebäuden,

b) für die kleinen Baufälle an den Wirtschaftsgebäuden als Entgelt für den — geminderten — Baukostenbeitrag,

c) für die Hälfte der für Wohn- und Wirtschaftszwecke gemeinsam dienenden Gebäudeteile und sonstigen Baueinrichtungen (s. Ziff. 2 Buchst. b).

Die in der V. vom 28. Febr. 1851 § 98 getroffene Sonderregelung über die Haftungsverbindlichkeit des bisherigen Pfründebesitzers ist außer Kraft getreten (VGH. 54 S. 57).

Aus den Verhandlungen über die letzte Baufallschätzung wurde sodann bekanntgegeben, welche Baufälle bei Inbesitznahme der Pfründe durch den bisherigen Pfründebesitzer festgestellt und wie sie gewendet wurden.

Alsdann wurden die einzelnen Gebäudeteile besichtigt; es wurden folgende Mängel festgestellt:

(Tabelle siehe Seite 42, 43.)

Nr.	Vortrag	Baufallwendungen zu Lasten: d. bisher. Pfründb. od. dessen Erben RM	Pf	der Kirchenstiftung RM	Pf	des Staates RM	Pf	Prüfungsbefund	Bemerkungen
	A. Pfründewohngebäude.								
	I. Hausgang.								
1	Plattenbelag ausbessern 10 qm zu je 1 *RM*			10	—				
	II. Küche.								
2	Herd reinigen, Eisenteile schwärzen	3	—						
3	Tünchen d. Wände 40 qm zu 0.50 *RM*			20	—				
	Weißen d. Decke 12 qm zu 0,30 *RM*			3	60				
4	für Reinigung			2	—				
	III. Zimmer Nr. 1.								
5	Erneuerung des Tragbalkens infolge Feuchtigkeit					52	—		
	B. Pfründewirtschafsgebäude.								
	I. Kuhstall.								
6	Ausbessern des Verputzes					5	—		
7	Zerbrochene Fensterscheiben	1	50						
	II. Schweinestall.								
8	Ausbessern des Daches					10	—		
	III. Scheune.								
9	Erneuerung eines Tragbalkens					50	—		
	C. Die den Zwecken der								

Nr.	Vortrag	Baufallwendungen zu Lasten						Prüfungsbefund	Bemerkungen
		d. bisher. Pfründb. od. dessen Erben		der Kirchenstiftung		des Staates			
		RM	Rpf	RM	Rpf	MR	Rpf		
	Wohn- u. Wirtschaftsgebäude gemeinsam dienenden Gebäudeteile u. Baueinrichtungen								
10	Einfahrtstor ausbessern: 30 *RM*			15	—	15	—		
	Gangbarmachung des Schlosses am Einfahrtstor	2	—						
11	Ausbessern des Plattenbelags im Keller: 10 *RM*			5	—	5	—		
12	Ausbessern des Zaunes um den Haus- u. Wirtschaftsgarten: 20 *RM*			10	—	10	—		
	Summe:	6	50	65	60	147	—		

Die Beteiligten hatten gegen die Feststellung der Baufälle sowie die Höhe der Bauschuld nichts zu erinnern.

Die Vertreter der Kirchenverwaltung erklärten, die Zahlungspflicht der Kirchenstiftung oder Kirchengemeinde nicht anerkennen zu können; sie behielten sich beschlußmäßige Äußerung der Kirchenverwaltung vor.

Der Verhandlungsleiter eröffnete noch, daß die Baufälle durch die anwesenden, vom Landbauamt bestellten Handwerksmeister gewendet werden; diese erklären durch Unterschrift, daß sie die Ausführung der Arbeiten gegen die angegebenen Beträge übernehmen.

V. g. u. u.

Der Verhandlungsleiter. Der Schriftführer.

....

Waren Beteiligte im Termin weder erschienen noch vertreten, so wird ihnen zweckmäßig Abschrift der Niederschrift zugestellt mit der Anheimgabe, etwaige Erinnerungen binnen einer zu setzenden Frist von etwa 2 Wochen beim Landbauamt anzubringen. Wie bereits ausgeführt, gilt zwar das Nichterscheinen als stillschweigend erfolgte Anerkennung des tatsächlichen Befundes der Schätzung; rechtliche Einwendungen können die Beteiligten aber bis zum rechtskräftigen Abschluß des Verfahrens vorbringen[70]. Es empfiehlt sich deshalb, sämtlichen Beteiligten sofort nach dem Termin und vor Vorlage der Verhandlungen an die Regierung, K. d. J. (Ziff. 4), Gelegenheit zur Äußerung zu geben.

Die Kirchenverwaltung ist aufzufordern, beschlußmäßig zu der Baufallschätzung Stellung zu nehmen.

Die Kosten der an der Baufallschätzung teilnehmenden Beamten des Landbauamts und Bezirksamts sind auf den diesen Ämtern zugewiesenen Betrag für Amtsreisen zu übernehmen[71].

3. Die Wendung der Baufälle.

Das Landbauamt hat dafür zu sorgen, daß die Arbeiten baldigst ausgeführt werden. Es hat sie deshalb bereits im Termin an verlässige Firmen zu vergeben und die alsbaldige Ausführung anzuordnen. Die Verschiebung der Ausführung etwa bis zur Bescheidung der Verhandlungen durch die Regierung (Ziff. 4), ist nicht zulässig[72].

Den Pflichtigen, insbesondere dem Pfründebesitzer steht das Recht nicht zu, die Arbeiten selbst auszuführen oder zu vergeben; denn es

---

[70]) VGH. 53 S. 201; 54 S. 58.
[71]) ME. vom 3. Juli 1866 (Weber 6 S. 639).
[72]) V. vom 28. Febr. 1851 § 78.

handelt sich um Maßnahmen, die zur Wahrung der Belange der Pfründe vorzukehren sind und deshalb den Pflichtigen nicht überlassen werden können[73]).

Steht die Wendung der kleinen Baufälle in Verbindung mit großen Baufällen, so hat das Landbauamt nach V. vom 28. Febr. 1851 §§ 81 und 82 zu verfahren.

4. Bescheidung der Verhandlungen durch die Regierung,

a) Vorlage der Verhandlungen durch das Landbauamt.

Die gesamten Verhandlungen des Landbauamts sind sodann der Regierung in einem Umschlag geordnet vorzulegen[74]); die einzelnen Schriftstücke sind zu heften oder mit fortlaufenden Zahlen zu versehen. Beizufügen sind auch die Verhandlungen der letzten Baufallschätzung. Das Landbauamt hat sich im Vorlagebericht zu den Einwendungen der Beteiligten gutachtlich zu äußern. Die Regierung hat zunächst im Benehmen mit dem Präsidenten des Landesfinanzamts, Zweigstelle für bayerische Angelegenheiten[75]), zu prüfen, ob die Ausscheidung der Baufälle auf die Pflichtigen in Ordnung geht und etwa erforderliche Ergänzungen durch das Landbauamt zu veranlassen. Alsdann ist der kirchlichen Oberbehörde (Bischöfl., Erzbischöfl. Ordinariat) Gelegenheit zur Äußerung zu geben.

b) Baufallschätzungsbescheid der Regierung,

aa) Inhalt des Bescheids.

Die Regierung erläßt alsdann einen förmlichen Bescheid, in welchem die Haftungsverbindlichkeit der Beteiligten mit binden-

---

73) VGH. 53 S. 203.
74) V. vom 28. Febr. 1851 § 79 Satz 2.
75) a. a. O. § 79 Satz 3.

der Wirkung festgestellt wird und zwar die des bisherigen Pfründebesitzers bzw. seiner Erben, dann aber auch die der Kirchenstiftung, auf welche die öffentlich-rechtliche Baupflicht an den Pfründegebäuden in dem oben erörterten Sinne übergegangen ist.

Einwendungen rechtlicher Art können, wie schon hervorgehoben, in jeder Lage des Verfahrens bis zur rechtskräftigen Entscheidung von allen Beteiligten vorgebracht werden, auch von denjenigen, welche im Baufallschätzungstermin nicht erschienen und vertreten waren.

Was die Form des Bescheids anlangt, so wird nach den in Verwaltungssachen bestehenden Vorschriften entschieden[76]. Eine besondere Form ist darnach nicht vorgeschrieben. Es empfiehlt sich aber VGG. Art. 21 Abs. 1—3 zu beachten; der Bescheid ist demnach mit Gründen zu versehen und hat auch Entscheidung über den Kostenpunkt zu enthalten. Eine Gebühr kommt nicht in Ansatz[77]. Die Kosten des Verfahrens haben die Beteiligten entsprechend ihrer Beteiligung zu tragen. Zu den Kosten des Verfahrens gehören aber nicht die Reisekosten der Beamten des Landbauamts und der etwa zugezogenen Beamten des Bezirksamts; ihr Reiseaufwand ist nach den Vorschriften über Amtsreisen zu bemessen und zu ersetzen[77]. Die Kosten der von den Beteiligten zugezogenen Sachverständigen sind von den Auftraggebern zu übernehmen[78]. Der Bescheid hat endlich Beschwerdebelehrung zu enthalten[79] (siehe unten ff). Der Bescheid ist den Beteiligten in schriftlicher Ausfertigung

---

[76]) VGG. Art. 45 Abs. 1; VollzVorschr. hiezu vom 25. Jan. 1901 (GVBl. S. 41) § 42 Abs. I.

[77]) ME. vom 3. Juli 1866 (Weber 6 S. 639).

[78]) V. vom 28. Febr. 1851 § 76 Abs. I Buchst. b.

[79]) VollzVorschr. z. VGG. § 42 Abs. 3; § 7.

gegen Postzustellungsurkunde zuzustellen[80]). Er ist nicht etwa ein bloßer Kuratel-, sondern ein förmlicher Rechtsbescheid. Die Folge dieses rechtlichen Wesens des Bescheids ist, daß er von der Regierung nach Zustellung an die Beteiligten nicht mehr abgeändert werden kann[81]).

bb) Beschwerdeberechtigte.

Einer besonderen Untersuchung bedarf die Frage, wer gegen den Baufallschätzungsbescheid beschwerdeberechtigt ist.

Das Recht der Beschwerde steht zunächst zweifellos dem Pfründebesitzer zu. Sein Beschwerderecht ist begründet in VGG. Art. 10 Ziff. 15[82]), wonach der Verwaltungsgerichtshof zuständig ist zur Entscheidung von Beschwerden gegen Beschlüsse der Regierung über „die Haftungen der kirchlichen Pfründebesitzer aus der Verwaltung und Nutznießung des Pfründevermögens einschließlich der Haftungen aus der baulichen Unterhaltung der Pfründegebäude (Baufallschätzungen)". Diese Zuständigkeit ist auch dann gegeben, wenn die Pfarrpfründegebäude im Eigentum des Staates stehen und dem Staat die ausschließliche primäre Baupflicht an denselben obliegt[83]).

Die V. vom 28. Febr. 1851 § 100 bestimmt zwar, daß bei Baufallschätzungen bezüglich der unter die V. fallenden Pfründegebäude die Gerichte zuständig sind. Durch diese Vorschrift wollte aber nur die Zuständigkeit der Gerichte gewahrt werden, soweit sie überhaupt besteht und

---

[80]) VGG. Art. 45 Abs. II, 21 Abs. IV; VollzVorschr. hiezu §§ 27, 6 Ziff. 5; ME. vom 6. Dez. 1902 Nr. 27516 (abgedruckt Dyroff VGG. 6. Aufl. S. 131), auch Dyroff Art. 45 Anm. 8 Abs. 1 S. 697, 698.

[81]) VGH. 49 S. 108.

[82]) Die fortdauernde Geltung dieser Ziffer ist in Schrifttum und Rechtsprechung anerkannt: VGH. 48 S. 13.

[83]) VGH. 25 S. 315; 54 S. 58.

nach den jeweils gegebenen Verhältnissen als begründet erscheint[84]).

Auch die Kirchenstiftung muß als beschwerdeberechtigt angesehen werden, da sie auf Grund des durch die Diözesansatzung geschaffenen neuen Rechts über die Baupflicht an den Pfründegebäuden an dem Baufallschätzungsverfahren mitbeteiligt ist und der Umfang ihrer Bauverbindlichkeit regelmäßig ohne weiteres durch die Festsetzung der Haftungsverbindlichkeit des Pfründebesitzers beeinflußt wird[85]).

Die Kirchenstiftung wird vertreten durch die Kirchenverwaltung[86]). Zur Beschwerdeeinlegung ist ein gültiger Beschluß der Kirchenverwaltung erforderlich. Ein solcher liegt nur dann vor, wenn alle Stimmberechtigten versammelt sind oder wenn nach gehöriger Ladung alle im Kirchengemeindebezirk anwesenden stimmberechtigten Mitglieder oder nach Vorausbestimmung der Sitzungstage mehr als die Hälfte der Mitgliederzahl nach dem Sollstand, mindestens aber drei Mitglieder bei der Beratung und Abstimmung mitgewirkt und mehr als die Hälfte der anwesenden Stimmberechtigten sich für den Beschluß erklärt haben; bei Stimmengleichheit ist die Stimme des geistlichen Kirchenverwaltungsvorstandes maßgebend[87]). Über die Beschlüsse ist eine Niederschrift aufzunehmen, welche die zur Beurteilung der Beschlußfähigkeit erforderlichen Feststellungen und das Ergebnis der Abstimmung enthält; die Niederschrift ist von allen anwesenden Mitgliedern der Kirchenverwaltung zu unterschreiben[88]). Die Ausfertigung des Be-

---

[84]) VGH. 25 S. 319; Meurer III S. 606.

[85]) VGH. 49 S. 108; 54 S. 58; VGG. Komm. von Dyroff Erg.-Band Art. 10 Ziff. 15 Anm. 2 S. 208.

[86]) KGO. Art. 6, Diözesansatzung Art. 1 ff.

[87]) Diözesansatzung Art. 25 Abs. IV, VI, VII.

[88]) Diözesansatzung Art. 25 Abs. VIII; über Formblätter für ordnungsgemäße Niederschriften siehe Ausschreiben des Bischöfl. Ordinariats Würzburg vom

schlusses ist vom Vorstand der Kirchenverwaltung zu unterzeichnen. Wird ein Mitglied der Kirchenverwaltung oder ein Dritter, z. B. ein Rechtsanwalt bevollmächtigt, Beschwerde einzulegen, so hat die Kirchenverwaltung eine ordnungsgemäße Vollmacht auszustellen, die vom Vorstand und zwei weiteren Mitgliedern zu unterzeichnen ist, das Amtssiegel oder den Amtsstempel aufweist und auf den der Vollmacht zugrundeliegenden Beschluß Bezug nimmt[89]).

cc) Beschwerdefrist.

Die Beschwerde muß innerhalb einer unerstrecklichen Frist von 14 Tagen, von Eröffnung des Bescheides an gerechnet, bei der Behörde eingelegt werden, welche den Bescheid erlassen hat, also bei der Regierung[90]). Die Beschwerdefrist ist aber auch dann als gewahrt anzusehen, wenn die Beschwerde innerhalb der genannten Frist bei einer unrichtigen Instanz angebracht wurde[91]). Zur Wahrung der Frist ist aber notwendig, daß die Beschwerde bei einer Instanz einläuft; im vorliegenden Falle ist es also unschädlich, wenn die Beschwerde statt bei der Regierung beim Verwaltungsgerichtshof innerhalb der Beschwerdefrist eingeht.

Für die Berechnung der 14tägigen Beschwerdefrist sind nach dem entsprechend anzuwendenden VGG. Art. 22 Abs. VI[92]) die Bestimmungen der Zivilprozeßordnung für das Deutsche Reich (ZPO.) anzuwenden. Einschlägig sind ZPO. in der Fassung vom 8. Nov. 1933

28. Febr. 1930 — Würzb. Diözes.-Bl. S. 64— (die Formblätter sind erschienen in der Fränkischen Gesellschaftsdruckerei G. m. b. H., Würzburg, Echterhaus).

[89]) VGG. Art. 19 Abs. 1; VollzVorschr. z. VGG. § 4 Abs. 4; Diözesansatzung Art. 25 Abs. IX.

[90]) VGG. Art. 45 Abs. II.

[91]) VollzVorschr. VGG. § 42 Abs. II; K. Deklaration vom 15. Juni 1898 (GVBl. S. 294).

[92]) VGH. 10 S. 134.

(RGBl. I S. 821) §§ 221, 222. Darnach gelten für die Berechnung der Fristen die Vorschriften des BGB. Die Frist von 14 Tagen wird demnach so berechnet, daß der Zustellungstag nicht mitgerechnet wird; die Frist endet mit dem Ablauf des 14. Tages[93]); fällt aber darnach das Ende der Frist auf einen Sonn- oder allgemeinen Feiertag, so endet die Frist mit dem Ablauf des nächstfolgenden Werktags[94]).

Für die staatlich anerkannten Feiertage sind nun maßgebend

Gesetz über die Feiertage vom 27. Febr. 1934 (RGBl. I S. 129),

V. über den Schutz der Sonn- und Feiertage vom 16. März 1934 (RGBl. I S. 199),

V. zur Durchführung des Feiertagsgesetzes vom 18. Mai 1934 (RGBl. I S. 394),

V. über die Feier des Fronleichnamstages vom 25. Mai 1934, GVBl. S. 273; (s. auch V. vom 10. Aug., 19. Sept. und 4. Dez. 1934 [GVBl. S. 321, 363, 429] über die Feier des Festes Mariä Himmelfahrt, Allerheiligen und Mariä Empfängnis im Jahre 1934).

Für die Wiedereinsetzung in den vorigen Stand gegen die Versäumung der Beschwerdefrist gelten die Vorschriften der ZPO. §§ 230—238[95]).

Die Beschwerde muß innerhalb der Frist bei einer Instanz (Regierung oder Verwaltungsgerichtshof) eingegangen sein. Für den Zeitpunkt des Eingangs ist im allgemeinen der Einlaufvermerk des Amtes maßgebend, wenn nicht ein anderer Tag als Einlauftag nachgewiesen wird. Wenn aber dem Amt die Briefsendungen nicht durch die Post zugestellt werden, sondern vereinbarungsgemäß die ganze an-

---

93) ZPO. § 222 Abs. I; BGB. §§ 187 Abs. 1, 188 Abs. I.

94) ZPO. § 222 Abs. II.

95) VGG. Art. 22 Abs. VI; VGH. 10 S. 134.

gekommene Briefpost bei dem Postamt zur Abholung durch das Personal der Behörde bereitgelegt wird, so ist der Einlauf der Poststücke für die Behörde in dem Augenblick vollzogen, in dem sie bei dem Postamt, das sie zur Abholung bereithält, angekommen sind. Läßt sich dieser Zeitpunkt nicht feststellen, so entscheidet der amtliche Einlaufvermerk[96]). Der einem Schriftstück beigesetzte Einlaufvermerk hat solange als richtig zu gelten, als nicht der Nachweis seiner Unrichtigkeit erbracht ist. Wenn die Beifügung des Einlaufvermerks durch die besondere Geschäftseinrichtung einer Behörde — Schluß des Dienstes an Samstagen um 1 Uhr mittags, so daß der Nachmittagsposteinlauf an diesem Tage nicht mehr bearbeitet werden kann — verspätet wird, so kann aus einem klaren Nachweis des Absendezeitpunktes (Postaufgabestempel) und bei regelmäßiger Postbeförderung der rechtzeitige Einlauf geschlossen werden[96a]). Schriftstücke sind bei einer Behörde auch dann eingegangen, wenn sie in einen nur für die Behörde bestimmten Briefkasten eingelegt werden. Wird der Briefkasten nicht nach Dienstschluß für die Einlegung von Briefschaften gesperrt, so sind die Schriftstücke, die zwar nach Dienstschluß, aber nachweislich noch vor Ablauf des Tages in den Briefkasten eingelegt worden sind, als an diesem Tage eingegangen anzusehen[96b]).

Bei Beschwerden der Kirchenverwaltung genügt es, wenn der Vorstand oder ein von ihm schriftlich beauftragter Bevollmächtigter, z. B. ein Rechtsanwalt, innerhalb der Frist Beschwerde eingelegt hat und die Kirchenverwaltung nachträglich, wenn auch nach Ablauf der Beschwerdefrist, die Vollmachtserteilung und Be-

---

96) BGH. 52 S. 139.
96a) Reger 54 S. 579.
96b) DVerwBl. 1935 S. 123.

schwerdeeinlegung durch ordnungsgemäßen Beschluß genehmigt[97]).

dd) Ausschluß der Beschwerde.

Die Beschwerde ist ausgeschlossen, wenn der Streitgegenstand einen Geldbetrag unter 50 RM betrifft, soferne nicht die Weiterbehandlung aus Gründen des öffentlichen Interesses geboten ist. Wird Beschwerde eingelegt mit der Behauptung, daß diese Voraussetzung gegeben sei, so entscheidet hierüber der Verwaltungsgerichtshof ohne mündliche Verhandlung endgültig[98]).

ee) Behandlung der Beschwerde.

Die Beschwerden sind von der Regierung den übrigen an der Sache Beteiligten zur Kenntnisnahme und Wahrung ihrer Belange in Abschrift mitzuteilen. Zu diesem Behufe hat, wenn die Beschwerde schriftlich eingereicht wird, der Beschwerdeführer außer der Urschrift so viele Abschriften der Beschwerde miteinzureichen, als weitere Beteiligte oder gemeinsame Bevollmächtigte in der Sache vorhanden sind. Wird die Beschwerde zu Niederschrift gegeben, so hat der Beschwerdeführer die Kosten der durch die Behörde zu veranlassenden Abschriftnahme vorzuschießen[99]).

ff) Beschwerdebelehrung.

Der Regierungsbescheid muß eine Beschwerdebelehrung nach näherer Bestimmung der Vollz.-Vorschr. z. VGG. § 7 Abs. I in der Fassung vom 7. März 1924 (GVBl. S. 67) enthalten[100]).

---

[97]) Dyroff VGG. Art. 19 Anm. 4 Abs. 5, 6. Aufl. S. 544, 545 mit den angeführten Entscheidungen des VGH., vgl. VGHE. vom 10. Juli 1934 (BayVerwBl. 1934 S. 470).

[98]) Ges. vom 7. März 1924 (GVBl. S. 65) Art. IX; V. vom 25. Nov. 1925 (GVBl. S. 265) § 1 Abs. III.

[99]) VollzVorschr. z. VGG. § 42 Abs. II; VGG. Art. 45, 23.

[100]) VollzVorschr. § 42 Abs. III.

Die Beschwerdebelehrung ist an den Schluß des Bescheids unmittelbar vor die Unterschriften zu setzen[101]).

Die Belehrung soll die Streitbeteiligten aufklären, ob und inwieweit ihnen ein Recht zur Beschwerde zusteht; sie soll also auch die erforderliche Aufklärung geben, wenn eine Beschwerde nur unter besonderen Voraussetzungen zulässig ist. Das Gesetz vom 7. März 1924 Art. IX (GVBl. S. 65) darf daher bei der Beschwerdebelehrung nicht unberücksichtigt bleiben. Dabei ist zu beachten, daß über die Frage, ob eine Beschwerde im Hinblick auf Art. IX im Einzelfalle zulässig ist oder nicht, die höhere Rechtsstufe entscheidet[102]).

Im Anschluß an die Beschwerdebelehrung wird zweckmäßig noch darauf hingewiesen, daß vor dem Verwaltungsgerichtshof auf Antrag der Parteien mit Zustimmung der Staatsanwaltschaft von einer öffentlichen und mündlichen Verhandlung Umgang genommen werden kann[103]).

Es empfiehlt sich folgende Beschwerdebelehrung:

„Gegen diesen Bescheid ist Beschwerde an den Bayer. Verwaltungsgerichtshof in München zulässig. Die Beschwerde ist jedoch nach dem Gesetz vom 7. März 1924 Art. IX (GVBl. S. 65) ausgeschlossen, wenn der Streitgegenstand einen Geldbetrag unter 50 *RM* betrifft, soferne nicht die weitere Behandlung aus Gründen des öffentlichen Interesses geboten ist. Eine etwaige Beschwerde wäre binnen einer unerstrecklichen Frist von 14 Tagen, von der Eröffnung des Bescheids an gerechnet, bei der Regierung schriftlich mit

---

[101]) a. a. O. § 7 Abs. III.

[102]) ME. vom 9. Juli 1928 Nr. 1133 b 7.

[103]) VGG. Art. 41 Abs. III i. d. F. vom 7. März 1924 (GVBl. S. 65) Art. VIII.

.... Abschriften einzureichen oder zur Niederschrift zu geben.

Zugleich wird darauf hingewiesen, daß vor dem Verwaltungsgerichtshof auf Antrag der Parteien und mit Zustimmung der Staatsanwaltschaft von einer öffentlichen und mündlichen Verhandlung Umgang genommen werden kann; ein etwaiger Antrag wäre zugleich mit der Beschwerde zu stellen (VGG. Art. 41 Abs. 3 Satz 2 — GVBl. 1924 S. 66 —)."

gg) Wirkung der Beschwerde.

Die Beschwerde hat aufschiebende Wirkung[104]). Der Vollzug der nach der Baufallschätzung notwendigen baulichen Maßnahmen darf aber bis zur erfolgten Entscheidung nicht verschoben werden[105]).

Die Beschwerde hat Devolutiveffekt, d. h. die Streitsache wird von der unteren Instanz losgelöst und vor dem Verwaltungsgerichtshof anhängig gemacht. Die Regierung ist deshalb nicht in der Lage, ihren Bescheid nach Zustellung abzuändern oder aufzuheben[106]).

c) Das Verfahren vor dem Verwaltungsgerichtshof.

Stellt sich die Beschwerde ohne weiteres als rechtlich unzulässig oder als offenbar unbegründet heraus, so kann sie ohne Vorbehandlung durch einen mit Gründen versehenen Bescheid zurückgewiesen werden. Hier entscheidet der Verwaltungsgerichtshof im Senat in geheimer Sitzung[107]). Der Beschluß wird rechtskräftig, wenn nicht binnen 14 Tagen — vom Tage der Zustellung ab gerechnet — Antrag auf münd-

[104]) VollzVorschr. hiezu § 42 Abs. II; VGG. Art. 24, 45 Abs. III.
[105]) V. vom 28. Febr. 1851 § 79 Abs. III.
[106]) VGG. 49 S. 108.
[107]) VGG. Art. 32 Abs. I.

liche Verhandlung gestellt wird. In dem Beschluß, der auch den übrigen Beteiligten zuzustellen ist, muß auf die Befugnis zu dieser Antragstellung hingewiesen werden [108]). Wird von der Staatsanwaltschaft, dem Verwaltungsgerichtshof oder den Parteien mündliche Verhandlung vor der Beschlußfassung beantragt, so ist öffentliche Sitzung anzuberaumen [109]).

Sonst entscheidet der Verwaltungsgerichtshof auf Grund öffentlicher und mündlicher Verhandlung [110]), wenn nicht auf Antrag der Parteien mit Zustimmung der Staatsanwaltschaft von einer solchen Verhandlung Umgang genommen wird (oben b, ff).

Das Verfahren vor dem Verwaltungsgerichtshof ist gebührenpflichtig [111]).

Es ist noch folgendes hervorzuheben:

Legen der Pfründebesitzer und die Kirchenstiftung Beschwerde ein, so entscheidet der Verwaltungsgerichtshof über die beiden Beschwerden und setzt die Haftungsverbindlichkeiten der beiden Beteiligten endgültig fest. Legt nur ein Beteiligter, z. B. der Pfründebesitzer, Beschwerde ein, so wird nur diese beschieden. Wird durch diesen Bescheid die Haftungsverbindlichkeit der Kirchenstiftung beeinflußt, was in der Regel der Fall sein wird, wenn die Haftungsverbindlichkeit des Pfründebesitzers bezüglich einiger Baufälle gemindert wird, so unterbleibt ein Ausspruch im Entscheidungssatz bezüglich der Kirchenstiftung; es ist vielmehr Sache der Regierung, einen Ergänzungsbescheid zu erlassen und die Haftungsverbindlichkeit der Kirchenstiftung unter Berücksichtigung des in der Richtung gegen den Pfründebesitzer ergangenen Bescheides des Verwaltungsgerichtshofes ergänzend fest-

---

108) VGG. Art. 32 Abs. III.
109) VGG. Art. 32 Abs. IV.
110) VGG. Art. 33.
111) VGH. 3 S. 145.

zusetzen. Die gegenüber der Kirchenstiftung in dem ersten Bescheid der Regierung festgesetzte Haftungsverbindlichkeit bezüglich der übrigen von ihr nicht angefochtenen Baufälle ist rechtskräftig geworden und kann zugunsten der Kirchenstiftung nicht mehr geändert werden. Der Ergänzungsbescheid der Regierung kann von der Kirchenstiftung gemäß VGG. Art. 10 Ziffer 13 mit Beschwerde zum Verwaltungsgerichtshof angefochten werden[112]).

5. Einhebung der Baufallschulden.

Nach rechtskräftiger Entscheidung über die Verpflichtungen der Beteiligten hat die Regierung die festgesetzte Summe dem zuständigen Finanzamt zur Einhebung von den Pflichtigen einzuweisen. Wenn die fälligen Beträge von den Beteiligten nicht sogleich erhoben werden können, sondern erst durch Zwangsvollstrekkung oder auf andere Art, z. B. beim Nachlaßgericht, flüssig gemacht werden müssen, so ist das Finanzamt zur vorschriftsmäßigen Zahlung zu ermächtigen.

Die Handwerksmeister legen die Rechnung über die ausgeführten Arbeiten dem Landbauamt vor; dieses prüft, ob die Arbeiten ordnungsgemäß ausgeführt sind, bestätigt dies gegebenenfalls und weist die Beträge beim Finanzamt zur Zahlung an.

Das Finanzamt weist in der Baurechnung der fraglichen Pfarrpfründestiftung die Einnahme der Beträge und deren Verwendung, „jedoch intra lineas", nach.

Nach Feststellung der Baufallschuld ist ein nachträglicher Anspruch an die Beteiligten ausgeschlossen[113]).

E. Die Zwangsvollstreckung.

Zahlen die Beteiligten nach rechtskräftiger

[112]) Siehe VGH. 54 S. 63.
[113]) V. vom 28. Febr. 1851 § 80.

Feststellung der Bauschuld die auf sie treffenden Beträge nicht, so ist die Zwangsvollstrekkung durchzuführen.

Maßgebend ist VGG. Art. 46:

„Die Verwaltungsbehörden sind in den im gegenwärtigen Gesetze bezeichneten Angelegenheiten berechtigt, ihre rechtskräftig gewordenen Entscheidungen im Zwangswege mit denselben Mitteln in Vollzug zu setzen, welche zum Vollzuge rechtskräftiger Urteile in bürgerlichen Rechtsstreitigkeiten gegeben sind.

Inwieferne hiebei eine Mitwirkung der Gerichte stattzufinden hat, bemißt sich nach den besonderen gesetzlichen Bestimmungen.

Die Zwangsvollstreckung obliegt, vorbehaltlich besonderer gesetzlicher Vorschriften, den Distriktsverwaltungsbehörden, welche sich hiebei sowohl ihrer eigenen Vollzugsorgane, als der Gerichtsvollzieher bedienen können.

Beschwerden gegen Verfügungen und Beschlüsse, welche die Zwangsvollstreckung betreffen, werden im verwaltungsrechtlichen Instanzenzuge beschieden."

Die Vollzugsvorschriften zum VGG. vom 25. Januar 1901 (GVBl. S. 41) bestimmen dazu in § 43:

„Die Zwangsvollstreckung obliegt gemäß Art. 46 des Gesetzes, soweit nicht besondere gesetzliche Bestimmungen bestehen, den Distriktsverwaltungsbehörden."

Zuständig ist diejenige Bezirksverwaltungsbehörde, welche in erster Instanz entschieden hat, oder, falls die erstinstanzielle Entscheidung von der Kreisregierung ausgegangen ist, diejenige Bezirksverwaltungsbehörde, welche gemäß Art. 31 Abs. 1 des Gesetzes und § 15 der gegenwärtigen Vollzugsvorschriften die Instruktion der Sache vorgenommen hat.

I. Zwangsvollstreckung gegen den Pfründebesitzer oder dessen Erben.

1. Voraussetzung.

Voraussetzung für die Durchführung der Zwangsvollstreckung ist, daß eine rechtskräftige Entscheidung vorliegt. Ist der Rechtsbestand der Forderung bestritten und darüber noch nicht endgültig entschieden, so ist für die Zwangsvollstreckung noch kein Raum; denn eine vorläufige Vollstreckbarkeit kennt das VGG. nicht.

2. Die Zwangsmittel.

Die Zwangsmittel sind die gleichen, die zum Vollzug rechtskräftiger Urteile in bürgerlichen Rechtsstreitigkeiten gegeben sind. Als solche kommen in Betracht die Zwangsmittel nach der ZPO. in der Fassung vom 8. Nov. 1933 und vom 24. Okt. 1934 (RGBl. 1933 I S. 821; 1934 I S. 1070) §§ 803—915 mit VO. über Maßnahmen auf dem Gebiete der Zwangsvollstreckung vom 26. Mai 1933 i. d. F. vom 22. März und 24. Okt. 1934 (RGBl. 1933 I S. 302, 1934 I S. 231, 1070) und nach dem RG. vom 24. März 1897 i. d. Fassung vom 20. Mai 1898 (RGBl. 1898 S. 713) über Zwangsversteigerung und die Zwangsverwaltung. Das hauptsächlichste Zwangsmittel ist demnach die Pfändung (ZPO. §§ 803—863). Bei ihrer Ergebnislosigkeit kann in bestimmten Fällen (§§ 807, 883) der Offenbarungseid abgenommen (§§ 899, 900) und, falls dieser verweigert wird, die Haft ausgesprochen werden (§§ 901—915).

3. Zuständigkeit zur Durchführung der Zwangsvollstreckung; Mitwirkung der Gerichte.

a) Zuständig zur Durchführung der Zwangsvollstreckung ist die Bezirksverwaltungsbehörde (Bezirksamt, Oberbürgermeister), welche von der Regierung beauftragt wird[114]). Der Umstand, daß die Bezirksverwaltungsbehörde etwa mit der Sache noch nicht befaßt war, bildet kein Hindernis. Der Auftrag wird regelmäßig an die Bezirksverwaltungsbehörde ergehen, in deren Bezirk die Pfarrgebäude liegen.

b) Inwieweit die Bezirksverwaltungsbehörden sich der Mitwirkung der Gerichte zu bedienen haben, bemißt sich nach den besonderen gesetzlichen Bestimmungen[115]). Als solche kommen in Betracht die ZPO. und das AG.z.ZPO. und KO. vom 23. Febr. 1879 i. d. F. vom 26. Juni 1909 (GVBl. S. 401) Art. 4, 6 und 7, nachdem es sich um eine Geldleistung handelt.

Eine Mitwirkung der Gerichte hat demnach stattzufinden

aa) bei Zwangsvollstreckung in die dem Schuldner gegen Dritte zustehenden Geldforderungen[116]),

bb) bei Zwangsvollstreckung in das unbewegliche Vermögen des Schuldners[117]),

cc) bei Anordnung des Offenbarungseides[118]) oder der Haft[119]).

Ein selbständiges Anordnungsrecht steht der Bezirksverwaltungsbehörde also bei Zwangsvollstreckung wegen einer Geldleistung — eine solche kommt hier nur in Betracht — lediglich zu, soweit der eigene bewegliche (Mobiliar-)Besitz des Schuldners als Vollstreckungsobjekt in Frage kommt.

---

114) VGG. Art. 46 Abs. III, VollzVorschr. hiezu § 43 mit VGG. Art. 31 Abs. I.

115) VGG. Art. 46 Abs. II.

116) ZPO. §§ 828—863.

117) ZPO. §§ 864—871; Ges. über Zwangsverst. und Zwangsverw.

118) ZPO. §§ 899, 900.

119) ZPO. §§ 901—915.

4. Das Verfahren.

Das Verfahren kommt dadurch in Gang, daß die Regierung als Pfründeaufsichtsstellen einer Ausfertigung ihres rechtskräftigen Beschlusses oder des Bescheids des Verwaltungsgerichtshofes die **Vollstreckungsklausel** beisetzt:

„Vorstehende Ausfertigung wird hiermit für vollstreckbar erklärt.“[120])

Damit ist der Bescheid in ganz Bayern vollstreckbar.

Diese Vollstreckungsausfertigung wird der Bezirksverwaltungsbehörde zur Durchführung der Zwangsvollstreckung durch die Regierung übermittelt.

Die Bezirksverwaltungsbehörde kann sich bei der Zwangsvollstreckung, soweit sie nicht den Gerichten zugewiesen ist, sowohl ihrer eigenen besonderen Vollzugsorgane als auch der Gerichtsvollzieher bedienen[121]).

5. Einwendungen gegen die Zwangsvollstreckung.

Einwendungen (Beschwerden) gegen die Zwangsvollstreckung werden teils in dem für die Hauptsache geltenden Rechtszug, teils von den Gerichten entschieden (VGG. Art. 46 Abs. IV mit II, AG.z.ZPO. und KO. Art. 7 Abs. II).

a) In dem für die Hauptsache geltenden Rechtszug, also von der Regierung als Pfründeaufsichtsstelle und dem Verwaltungsgerichtshof gemäß VGG. Art. 10 Ziff. 15 und 13 sind zu entscheiden Einwendungen gegen die Zwangsvollstreckung, welche betreffen

aa) den Rechtsbestand der Forderung,

---

120) AG.z.ZPO. u. KO. Art. 6 mit V. vom 14. Juli 1879 § 2 (GVBl. S. 703).

121) AG.z.ZPO. u. KO. Art. 7 Abs. I Satz 2 Dienstanweisung für die Gerichtsvollzieher vom 31. Dez. 1931 (JMBl. n. F. III S. 581).

bb) die Auslegung des Baufallschätzungsbescheides der Regierung oder des Bescheides des Verwaltungsgerichtshofes,

cc) die Frage, ob die Forderung, für welche die Vollstreckung stattfindet, überhaupt oder in der angesprochenen Größe entstanden ist,

dd) die Zulässigkeit der Vollstreckungsklausel.

b) Alle sonstigen Einwendungen und Streitigkeiten haben die Gerichte zu entscheiden [122]).

II. Zwangsvollstreckung gegen die Kirchenstiftung.

Wenn die Kirchenstiftung die rechtskräftig festgestellte Geldleistung nicht freiwillig erfüllt, so ist das Zwangsvollstreckungsverfahren nach AG.z.ZPO. und KO. Art. 9 Abs. II mit KGO. Art. 74 Abs. VII und VIII einzuleiten [123]). Die Staatsaufsichtsbehörde setzt zu diesem Zweck der Kirchenverwaltung als Vertreterin der Kirchenstiftung eine angemessene Frist zur Erfüllung der Leistung. Staatsaufsichtsbehörde ist bei Kirchenstiftungen mit dem Sitz in unmittelbaren Städten die Regierung, im übrigen das Bezirksamt [124]). Wird die Leistung nicht erfüllt, so hat die Staatsaufsichtsbehörde an Stelle der Kirchenverwaltung die notwendigen Verfügungen zu treffen.

Macht die Kirchenverwaltung Leistungsunfähigkeit geltend, so ist dieser Einwand von der Staatsaufsichtsbehörde zu prüfen. Der Einwand der Leistungsunfähigkeit wird in der jetzigen Zeit regelmäßig begründet sein; denn das Vermögen der Kirchenstiftungen, das hauptsäch-

---

[122]) BGG. Art. 46 Abs. IV mit AG.z.ZPO. u. KO. Art. 7 Abs. II.

[123]) Über die Anwendbarkeit des Art. 9 auf die Kirchenstiftungen vgl. Begründung zur KGO. zu Art. 74 (Verh. d. K. d. Abg. XXXV. Landtagsversammlung I. Session 1907/08 Beil.-Bd. I S. 489).

[124]) KGO. Art. 73 Abs. II.

lich aus Pfandbriefen usw. bestand, ist durch die Geldentwertung entweder vernichtet oder außerordentlich zusammengeschmolzen. Zur Zeit stehen den Kirchenstiftungen in der Regel nur die Erträgnisse aus Sammlungen, Opfergeldern und freiwilligen Gaben zur Verfügung. Diese Einnahmen reichen aber kaum zur Deckung des notwendigen Bedarfs für die Feier des Gottesdienstes usw. hin. Auf Grund der Rechnungen der Kirchenstiftung aus den letzten Jahren wird leicht festzustellen sein, ob die Kirchenstiftung leistungsfähig ist oder nicht.

Erkennt die Staatsaufsichtsbehörde die Leistungsunfähigkeit an, so hat sie das Zwangsvollstreckungsverfahren einzustellen.

Erachtet die Staatsaufsichtsbehörde die Kirchenstiftung als leistungsfähig, so hat sie ihr eine angemessene Frist zur Erfüllung ihrer Verbindlichkeit zu setzen. Nach fruchtlosem Ablauf dieser Frist hat sie die nach Lage der Sache notwendigen Verfügungen zu treffen. Eine Mitwirkung der Gerichte findet nicht statt[125]). Das Recht, die Erhebung von Kirchenumlagen anzuordnen, steht ihr aber nicht mehr zu; denn die einschlägigen Vorschriften der KGO. sind durch RVerf. Art. 137 Abs. III und VI mit BV. § 18 Abs. III gegenstandslos geworden.

Streitigkeiten über die Leistungsfähigkeit der Kirchenstiftungen sind im Verwaltungsverfahren (Regierungen, Staatsministerium für Unterricht und Kultus) zu entscheiden. Der Verwaltungsgerichtshof kann nicht angerufen werden[126]).

Die Zwangsmittel sind in entsprechender Anwendung die gleichen, wie sie in Ziff. I 2 bezeichnet sind.

---

[125]) AG.z.ZPO. u. KO. Art. 9 Abs. II („ohne Einmischung der Gerichte"), Dienstanweisung für die Gerichtsvollzieher § 86.

[126]) VGH. 2 S. 306, 717; 37 S. 85.

Beschwerden gegen die Zwangsvollstreckung können binnen 14 Tagen ausschließender Frist bei der der Staatsaufsichtsbehörde vorgesetzten Behörde angebracht werden[127]). Gegen diese Entscheidung ist Beschwerde zur nächsthöheren Aufsichtsbehörde zulässig, welche endgültig entscheidet, soweit nicht eine Zuständigkeit des Verwaltungsgerichtshofes, insbesondere gemäß VGG. Art. 10 Ziff. 3, 13 begründet ist[128]). Dabei erstreckt sich die Zuständigkeit des Verwaltungsgerichtshofes aber nicht, wie bereits hervorgehoben, auf die Prüfung der Frage, ob die Kirchenstiftung leistungsfähig ist, da dies eine Angelegenheit ist, in der ausschließlich die Staatsaufsichtsbehörden nach ihrem Ermessen zu verfügen berechtigt sind[129]).

III. Zwangsvollstreckung gegen die Kirchengemeinde.

1. Zwangsanordnung von Kirchengemeindeumlagen.

Soweit die Erträgnisse des Vermögens der Kirchenstiftung und die sonstigen Einnahmen der Kirchenstiftung nicht hinreichen, die Baufallschulden zu begleichen, ist der Betrag durch Kirchengemeindeumlagen zu decken[130]). Weigert sich die Kirchenverwaltung als gesetzliche Vertreterin der Kirchengemeinde, den Betrag zu zahlen und, wenn notwendig, eine außerordentliche Umlage zu erheben, so hat die Religionsgesellschaft, vertreten durch die kirchliche Oberbehörde (Bischöfl., Erzbischöfl. Ordinariat), die Kirchenverwaltung unter Angabe der einschlägigen Bestimmungen aufzufordern, binnen angemessener Frist die zur Erfüllung der Verpflichtung erforderlichen Beschlüsse vorzulegen. Bestreitet die

[127]) KGO. Art. 80 Abs. I.
[128]) KGO. Art. 80 Abs. III.
[129]) VGH. 37 S. 85; VGG. Art. 13 Abs. I Ziff. 3.
[130]) Diözesansatzung Art. 18 Abs. I.

Kirchenverwaltung innerhalb der gestellten Frist die Notwendigkeit, den Umfang oder die Art der Leistung, so hat die kirchliche Oberbehörde darüber zu entscheiden und für die Erfüllung der Verpflichtung eine neue angemessene Frist zu setzen. Wird die endgültig festgestellte Verpflichtung innerhalb der festgesetzten Frist nicht erfüllt, so hat die kirchliche Oberbehörde an Stelle der Kirchenverwaltung die notwendigen Maßnahmen zu treffen, insbesondere die Erhebung einer Kirchenumlage anzuordnen und die Einhebung auf Kosten der Kirchengemeinde zu veranlassen. Aus dem Erträgnis der Umlagen ist die Baufallschuld zu begleichen[131]).

Die Erhebung einer Umlage von mehr als 10 v. H. der ihnen nach RStG. Art. 5 Abs. I zugrunde liegenden Reichs- und Landessteuern bedarf zur Gültigkeit der staatlichen Genehmigung; sie kann nur versagt werden, wenn die Umlagen die Leistungsfähigkeit der Umlagenpflichtigen übersteigen[132]). Zuständig ist, nachdem der Beschluß der kirchlichen Oberbehörde den Beschluß der Kirchenverwaltung, den zu fassen diese verweigert hatte, ersetzt, die für den Steuerverbandssitz örtlich zuständige Staatsaufsichtsbehörde, sohin bei Kirchengemeinden mit dem Sitz in unmittelbaren Städten die Regierung, bei den übrigen Kirchengemeinden das vorgesetzte Bezirksamt[133]).

Für das Rechnungsjahr 1934/35 ist maßgebend das Gesetz über die Kirchensteuer für 1934 vom 27. März 1934 (GVBl. S. 231)[134]).

---

[131]) RStG. Art. 12 Abs. III a; Diözesansatzung Art. 23.

[132]) RStG. Art. 5 Abs. II; ME. vom 18. Sept. 1930 Nr. II 29 633.

[133]) RStG. Art. 5 Abs. II Satz 2; KGO. Art. 73 Abs. II.

[134]) Siehe auch MinBek. vom 28. März 1934 (GVBl. S. 233) und vom 25. Mai 1934 (StAnz. 119); Schrift-

über die Regelung für die weitere Zeit wird verwiesen auf MinBek. vom 19. Dez. 1934 (GVBl. S. 438).

2. Einhebung der Umlagen von den Pflichtigen.

Die Einhebung des auf den einzelnen Umlagenpflichtigen treffenden Betrages geschieht dadurch, daß die kirchliche Oberbehörde nach fruchtloser Mahnung ein Ausstandsverzeichnis fertigt und mit dem Vermerk versieht: „Vorstehendes Ausstandsverzeichnis wird hiermit für vollstreckbar erklärt.“ Auf Grund dieses für vollstreckbar erklärten Ausstandsverzeichnisses kann alsdann die kirchliche Oberbehörde die Zwangsvollstreckung gegen die Säumigen durchführen lassen und zwar entweder durch eigene kirchliche Vollzugsorgane, die Vollzugsorgane der bürgerlichen Gemeinden oder durch den Gerichtsvollzieher, soweit die Zwangsvollstreckung nicht nach der ZPO. den Gerichten zugewiesen ist (siehe oben I 3) [135].

3. Einwendungen gegen die Umlagenforderung.

Einwendungen gegen den Rechtsbestand der Umlagenforderung haben keine aufschiebende Wirkung [136]. Bestreitet der einzelne Umlagenpflichtige seine Umlagenpflicht, so ist im staatlichen Verwaltungsstreitverfahren hierüber zu entscheiden. Zuständig ist zur Entscheidung im ersten Rechtszug die Staatsaufsichtsbehörde des Sitzes der Kirchengemeinde, in dem der Umlagenpflichtige seinen Wohnsitz oder seinen gewöhnlichen Aufenthalt hat oder in dem er wenigstens mit einer der in RStG. Art. 5 Abs. I

---

tum: Bayer. Staatszeitung vom 5. April 1934 Nr. 77; BayGemVZ. 1934 Sp. 341, 473; Klerusblatt 1934 S. 202, 224.

[135]) RStG. Art. 12 Abs. II.

[136]) RStG. Art. 12 Abs. II Satz 2 i. d. F. vom 27. Juni 1927 (GVBl. S. 223) Art. I Ziff. 4.

bezeichneten Steuern veranlagt ist oder auf den eine Steuer im Sinne des Art. 7 Abs. II dieses Gesetzes entfällt. Im zweiten und letzten Rechtszug entscheidet der Verwaltungsgerichtshof[137]).

In diesem Verfahren haben die staatlichen Behörden zu prüfen, ob das durch Gesetz und Satzung vorgeschriebene Verfahren bei der Beschlußfassung über die kirchenaufsichtliche Anordnung der Umlagenerhebung eingehalten wurde, ob die zur Erhebung einer 10 v. H. übersteigenden Kirchenumlage erforderliche staatsaufsichtliche Genehmigung erteilt ist und ob die Erhebung der Umlage nach staatlichem Gesetz und Diözesansatzung zulässig erscheint[138]).

Für das Rechnungsjahr 1934/35 und die folgende Zeit siehe die Ausführungen unter Ziffer 1 am Ende.

Teil II. Baufallschätzung an den Pfründegebäuden, an denen die Pfründestiftung die Baulast und der Pfründebesitzer die Unterhaltspflicht haben.

Die MinBek. vom 1. Sept. 1907 (KMBl. S. 565) gibt Anordnungen über die Durchführung der Baufallschätzung an den Pfründegebäuden, an denen die Pfründestiftung die Baulast und der Pfründebesitzer die Unterhaltspflicht haben.

A. Geltungsgebiet der MinBek. vom 1. September 1907 — KMBl. S. 565 —.

Die genannte MinBek. gilt für die rechtsrheinischen bayerischen Gebietsteile mit Ausnahme des Kreises Unterfranken und Aschaffenburg[139]). In Unterfranken bestehen wohl auch einige Pfründen, an denen der Pfründebesitzer

---

[137]) RStG. Art. 12 Abs. IV i. d. F. vom 27. Juni 1927 (GVBl. S. 223).

[138]) VGH. 50 S. 10.

[139]) MinBek. vom 1. Sept. 1907 (KMBl. S. 565) Ziff. 14.

die Unterhaltspflicht und die Pfründestiftung die Baulast haben; die Verordnung wurde auf diese Pfründen aber nicht ausgedehnt. Die Baufallschätzung für diese regelt sich demnach nach Teil III.

B. Feststellung der Baupflichtverhältnisse.

I. Allgemeines.

Ob und in welchem Umfang der Pfründestiftung die Baulast und dem Pfründebesitzer die Unterhaltspflicht an einem Pfründegebäude obliegt, bemißt sich nach dem örtlichen Recht. In den älteren bayerischen Landesteilen bildete es die Regel, daß die ganze Baulast an den Pfründewohn- und -wirtschaftsgebäuden der Pfründestiftung oblag, während die Wendung der sog. kleinen Baufälle den Pfründebesitzer traf. Im übrigen sind die Baupflichtverhältnisse im Einzelfalle besonders zu prüfen. Auf die Ausführungen im Teil I B I wird verwiesen.

II. Die Unterhaltspflicht des Pfründebesitzers und die Baulast der Pfründestiftung.

1. Die persönliche Haftungsverbindlichkeit des Pfründebesitzers für Baufälle, die durch sein Verschulden entstanden sind.

Die Ausführungen in Teil I B II 1 gelten auch hier.

2. Die Unterhaltspflicht des Pfründebesitzers und die Baulast der Pfründestiftung.

Auch hier ist wie in Teil I B II 2 zu unterscheiden die Zeit vor Inkrafttreten der Diözesansatzung vom 9. Jan. 1922 und die Zeit nach Inkrafttreten dieser Satzung.

a) Die Zeit vor Inkrafttreten der Diözesansatzung vom 9. Jan. 1922.

Die KGO. erklärt als Ortskirchenbedürfnis „die Herstellung und Unterhaltung" „der erforderlichen Gebäude für die Pfarrgeistlichen"[140]); „Verpflichtungen Dritter in bezug auf die Bestreitung örtlicher Kultusbedürfnisse einschließlich der Verbindlichkeiten der Pfründestiftungen und Pfründebesitzer hinsichtlich der Pfründegebäude" blieben aber unberührt[141]). Mangels einer besonderen örtlichen Bestimmung hatte im Gebiete des bayerischen Landrechts regelmäßig der Pfründebesitzer die Unterhaltspflicht an den Pfründe- (Wohn- und Wirtschafts-)Gebäuden — kleine Baufälle — und die Pfründestiftung die eigentliche Baulast — große Baufälle —, letztere allerdings unbeschadet der congrua (salva congrua), d. h. der Pfründestiftung oblag die Baulast nur insoweit, als das Mindesteinkommen des Pfründebesitzers nach der Fassion infolge der durch die großen Baufälle verursachten Aufwendungen nicht verkürzt wurde. Der Pfründebesitzer hatte jedoch für die kleinen Baufälle ohne Rücksicht auf die congrua aufzukommen[142]). Die congrua betrug für die Pfarrer 600 fl. (=1028.57 *RM*), für die Benefiziaten 400 fl. (= 685.71 *RM*)[143]). Bei der Prüfung der Leistungsfähigkeit der Pfründestiftung wurden die seit dem Jahre 1849 vom Staat gewährten persönlichen Aufbesserungen der Pfründebesitzer nicht eingerechnet[144]). Die Pfründestiftung konnte mit Genehmigung der Pfründeaufsichtsstelle die Kosten für die großen Baufälle, wenn veranlaßt, durch Einzehrung von Pfründekapitalien oder durch Aufnahme eines Anlehens „ad onus succes-

---

[140]) KGO. Art. 12 Abs. I Ziff. 1.

[141]) KGO. Art. 12 Abs. V; Art. 112 Buchst. C.

[142]) VGH. 8 S. 124.

[143]) Abschied für die Ständeversammlg. vom 29. Dez. 1831 Ziff. I 46 Buchst. b (Weber II S. 593); ME. vom 24. Febr. 1878 (Weber XII, 235).

[144]) Näheres Meurer III S. 517.

sorum“, d. h. zu Lasten der folgenden Pfründebesitzer decken[145]).

Die jährliche Absitzfrist wurde dem Pfründebesitzer durch staatliche Einkommensergänzung ersetzt. Der Pfründeinhaber durfte die Kosten für die Wendung der kleinen Baufälle als Last in die Abrechnung einstellen, so daß er sie auch gegebenenfalls durch die staatliche Ergänzung ersetzt bekam.

War die Pfründe leistungsunfähig, so ruhte ihre Baulast und die subsidiär Baupflichtigen (Patrone, Dezimatoren und letzten Endes die Kirchengemeinde) mußten eintreten.

Wegen des Begriffs der großen und kleinen Baufälle wird verwiesen auf Teil I B II 2 a.

b) Die Zeit vom Inkrafttreten der Diözesansatzung vom 9. Jan. 1922 ab.

aa) Pfründewohngebäude.

Die Unterhaltspflicht des Pfründebesitzers und die Baulast der Pfründestiftung an den Pfründewohngebäuden ist durch die Diözesansatzung für sämtliche Diözesen Bayerns aufgehoben und den Kirchenstiftungen, bei Leistungsunfähigkeit den Kirchengemeinden überwiesen. Der Pfründebesitzer hat nur für die sog. Mietmannspflichten aufzukommen. Es wird verwiesen auf die Ausführungen in Teil I B II 2 b, bb *α*.

bb) Pfründewirtschaftsgebäude.

An der Unterhaltspflicht des Pfründebesitzers und der Baulast der Pfründestiftung an den Pfründewirtschaftsgebäuden hat die Diözesansatzung nichts geändert. Es bleibt also bei den bisherigen Bestimmungen. Für diese Gebäude gelten die Ausführungen unter a. Nur die Bestimmungen über die congrua sind durch das Gesetz über die Ergänzung des Einkommens der

---

145) Siehe ME. vom 4. April 1843 (Weber III S. 488).

Seelsorgegeistlichen vom 27. Juli 1922 — GVBl. S. 467 — gegenstandslos geworden; die Pfründestiftungen sind zur Wendung der großen Baufälle an den Wirtschaftsgebäuden dann nicht mehr als genügend leistungsfähig zu erachten, „wenn und soweit ihr Inhaber durch Übernahme der Baufallwendung einer oder noch einer höheren Einkommensergänzung bedürfte"[146]. Da so ziemlich alle Pfründebesitzer an der staatlichen Einkommensergänzung teilnehmen, so bedeutete dieser Grundsatz nichts anderes, als daß die Kirchenstiftung und im Unvermögensfalle die Kirchengemeinde die großen Baufälle auch an den Wirtschaftsgebäuden zu übernehmen hatte. Dies hat naturgemäß eine ungeheuere Belastung der Kirchengemeinde zur Folge. Die Staatsministerien für Unterricht und Kultus und der Finanzen haben deshalb mit Entschließung vom 23. Juli 1927 Nr. I 10115 die Regierungen, Kammern des Innern, von Oberbayern, Niederbayern, Oberpfalz, Mittelfranken und Schwaben angewiesen, „bei den Besonderheiten im Geltungsgebiete des altbayerischen Landrechts und mit Rücksicht auf die Schwierigkeiten, die sich hieraus im Zusammenhang mit der Neugestaltung der Pfründebaulast für die dortigen kath. Seelsorgepfründen ergeben, für diese Pfründen des bayer. Landrechts bis auf weiteres folgendes zu beachten:

I. Die Baulast an den Pfründewohngebäuden.

Sie ist, abgesehen von den Mietmannspflichten, Ortskirchenbedürfnis, dessen Bestreitung der Kirchenstiftung und im Falle ihrer Leistungsunfähigkeit der Kirchengemeinde obliegt (Art. 17 Abs. II Ziff. 2 der Satzung für die kirchlichen Steuerverbandsvertretungen an den bayer. Diözesen vom 4. Nov. 1924).

[146]) ME. vom 12. Juni 1923 Nr. 23971 betr. Pfarrstadel in Wiesenfeld.

II. Die kleinen Baufälle an den Pfründewirtschaftsgebäuden.

Soweit hier die Baulast dem Pfründeinhaber und nicht etwa Dritten obliegt, sind die notwendigen Aufwendungen für die kleinen Baufälle Betriebsausgaben und daher als Lasten in der Pfründeabrechnung absetzbar.

III. Die großen Baufälle an den Pfründewirtschaftsgebäuden.

1. Ihre Wendung obliegt der Pfründestiftung und im Falle ihrer Leistungsunfähigkeit den subsidiär Baupflichtigen, in letzter Reihe der Kirchengemeinde. Nach ministerieller Übung der letzten Jahre ist die Pfründestiftung als leistungsunfähig zu erachten, wenn ihr Inhaber durch die Übernahme der Kosten einer großen Baufallwendung einer oder noch einer höheren Einkommensergänzung bedürfte. Soweit jedoch im Einzelfalle große Baufallwendungen an Pfründewirtschaftsgebäuden notwendig werden, deren Bestreitung hiernach wegen Leistungsunfähigkeit der Pfründestiftung und mangels anderer verpflichteter Baulastträger der Kirchengemeinde zukäme und die den Gesamtbedarf von 1000 *RM* im Jahre nicht überschreiten, ist es aufsichtlich nicht zu beanstanden, wenn der Pfründeinhaber von den fraglichen Baukosten für Rechnung der Pfründeeinkünfte jeweils die Hälfte des nötigen Baubedarfes bis zur Gesamthöchstsumme von 500 *RM* (fünfhundert Reichsmark) im Jahre übernimmt; die Voraussetzung hierfür ist aber, daß die andere Hälfte der jeweils erwachsenden Baukosten von der Kirchenverwaltung rechtsverbindlich übernommen und tatsächlich getragen wird.

2. Die Regierungen, Kammern des Innern, sind ermächtigt, die auf diese Weise und unter der genannten Voraussetzung vom Pfründeinhaber übernommenen Hälftebausummen bis zum Gesamtbetrag von 500 *RM* (fünfhundert

Reichsmark) im Jahre für die einzelnen Seelsorgepfründen nach Anfall auf Kosten der Einkommensergänzung (Ziff. III Kap. 1 § 6 des Staatshaushalts Nr. 15) zur Verfügung zu stellen und ihre unmittelbare Auszahlung an die Pfründeinhaber durch die beteiligte Staatskasse zu veranlassen, nötigenfalls vorschußweise gegen endgültige Abrechnung.

Die Regierung hat die Sicherstellung und die tatsächliche Erfüllung der auf die Kirchenverwaltung treffenden gleich hohen Leistung geeignet zu überwachen.

Die hiernach auf die Staatskasse entfallenden Beträge sind in den alljährlichen Pfründeabrechnungen unter den nicht einrechenbaren Einkünften und den nicht abrechenbaren Lasten vorzumerken.

3. Bei Baufallwendungen größeren Umfanges mit einem Gesamtkostenaufwande von mehr als 1000 *RM* im Jahre ist jeweils unter Beigabe der Verhandlungen von Fall zu Fall an das Staatsministerium für Unterricht und Kultus zu berichten, das sich hierauf das weitere im Benehmen mit dem Staatsministerium der Finanzen vorbehält.

4. Über die von den Regierungen in eigener Zuständigkeit behandelten Fälle und eingewiesenen Kosten haben sie vorerst alljährlich zweimal, nämlich bis 1. Mai und 1. November, erstmals zum 1. November ds. Js. an das Staatsministerium für Unterricht und Kultus zu berichten.

Darnach können also die Ausgaben des Pfründebesitzers für die kleinen Baufälle an den Pfründewirtschaftsgebäuden als Last in die Pfründeabrechnung eingesetzt werden. Die Wendung der Baukosten für die großen Baufälle an den Pfründewirtschaftsgebäuden ist nun so geregelt, daß, soweit der Gesamtbedarf von 1000 *RM* in einem Jahr nicht überschritten wird, die Kosten verteilt werden je zur Hälfte auf die

Kirchenstiftung bzw. Kirchengemeinde und auf den Pfründebesitzer. Den auf letzteren treffenden Betrag ersetzt die Staatskasse. Bei Baufallwendungen von mehr als 1000 *RM* treffen die beteiligten Staatsministerien gesonderte Entscheidung. Zu beachten ist, daß diese Regelung für jedes Jahr Platz greift; es können also auch die Kosten aus den Absitzkapitalien jährlich so verteilt werden. (Näheres Klerusblatt 1927 Nr. 483.)

Die obenbezeichnete ME. vom 23. Juli 1927 wurde auf die übrigen Kreise, insbesondere auf Unterfranken, nicht ausgedehnt, obwohl hier in einigen Fällen der Pfründebesitzer die Unterhaltspflicht und die Pfründestiftung die Baulast haben[147]).

cc) Die den Zwecken der Wohn- und Wirtschaftsgebäude gemeinsam dienenden Gebäudeteile und Baueinrichtungen.

Die Baukosten für die Wendung der Baufälle ist unter die an Wohn- und Wirtschaftsgebäuden Baupflichtigen (Pfründebesitzer, Pfründestiftung und Kirchenstiftung) angemessen zu verteilen[148]).

C. Zuständigkeit zur Anordnung und Vornahme der Baufallschätzung.

Zuständig zur Anordnung und Vornahme der Baufallschätzung bei den Gebäuden kirchlicher Pfründen, an welchen das Staatsärar nicht beteiligt ist, ist die Bezirksverwaltungsbehörde[149]).

Für die kath. Pfründegebäude in den rechts-

---

[147]) ME. vom 3. Okt. 1929 Nr. II 37809, betr. Pfründebaulast, ergangen an die Regierung von Unterfranken und Aschaffenburg, K. d. I.

[148]) ME. vom 9. Juli 1923 Nr. 23719, betr. Kath. Pfarrpfründe Salzburghofen, Gebäudeunterhaltung, ergangen an die Regierung von Oberbayern, K. d. I.

[149]) V. vom 13. Nov. 1857, die Reorganisation des öffentlichen Bauwesens betr., § 44 (Weber V, 86); MinBek. vom 1. Sept. 1907 (KMBl. S. 565) Ziff. 13.

rheinischen Regierungsbezirken, mit Ausnahme von Unterfranken und Aschaffenburg, ordnet die MinBek. vom 1. Sept. 1907 — KMBl. S. 565 — Ziff. 1 an, daß die Bezirksverwaltungsbehörden, sobald ihnen die Erledigung einer zu ihrem Amtsbezirk gehörenden, mit der Baulast behafteten kath. Pfründe bekannt wird, „sofort von sich aus, ohne einen besonderen Regierungsauftrag abzuwarten, die Baufallschätzung auf einen möglichst nahen Zeitpunkt anzuberaumen" haben. Es soll also die Ernennung des Pfründenachfolgers nicht abgewartet werden. Der Zweck dieser Vorschrift ist in der ME. vom 8. Aug. 1906 Nr. 14169 angegeben:

„Es ist eine durch die Erfahrung bestätigte Tatsache, daß die neuaufziehenden Pfründebesitzer nicht selten darauf bedacht sind, die Baufallschätzungssummen durch weitgehende Anträge auf einen Betrag hinaufzutreiben, der ihnen nicht bloß eine tadellose Instandsetzung der Pfründnergebäude ermöglicht, sondern ihnen auch noch eine Art Versicherungssumme zur Befriedigung allenfallsiger höher gespannter Ansprüche ihres eigenen Pfründenachfolgers übrig läßt. Es kommt ziemlich häufig vor, daß die Haftung des Pfründevorgängers von dem neuen Pfründebesitzer selbst für solche Mängel in Anspruch genommen wird, an deren Wendung ernstlich gar nicht gedacht wird.

Der Umstand, daß auf diese Weise unter der Einwirkung des neuen Pfründebesitzers die Baufallschätzungssummen nur zu oft auf ein das wirkliche Bedürfnis übersteigendes Maß hinaufgetrieben werden, legt den Gedanken nahe, den Einfluß des Pfründenachfolgers auf das Baufallschätzungsverfahren auszuschalten. Dieses Ziel wird sich am einfachsten dadurch erreichen lassen, daß bei allen Pfründen, bei denen die Baulast auf den Pfründestiftungen und den Pfründebesitzern ruht, die Baufallschätzungen in die Zeit vor Ausschreibung der erledigten Pfründe zur Bewerbung verlegt, also nicht erst nach der Ernennung und dem Aufzuge des neuen Pfründebesitzers, sondern unmittelbar nach dem Eintritte der Pfründeerledigung vorgenommen werden. Allerdings dürfte durch diese frühere Vornahme der Baufallschätzung die Wiederbesetzung der Pfründe nicht verzögert werden. Die Distriktsverwaltungsbehörden würden zu diesem Zweck anzuweisen sein, sobald sie von der Erledigung der Pfründe Kenntnis erhalten, unverzüglich von sich aus, ohne einen Regierungsauftrag abzuwarten, den Baufallschätzungstermin auf einen möglichst nahen Zeitpunkt anzuberaumen und die Verhandlungen mit tunlichster Beschleunigung der Kreisstelle in Vorlage zu bringen.

Die eigentliche Aufgabe der Baufallschätzungen, im Interesse der Pfründen in Erledigungsfällen den baulichen Zustand der Pfründegebäude und die dem seitherigen Pfründenutznießer bezüglich der baulichen Unterhaltung obliegende Haftung festzustellen, würde durch die Vorverlegung der Schätzungstermine nicht berührt und könnte von der amtlichen Kommission auch ohne die Mitwirkung des Pfründenachfolgers gelöst werden. Es wäre gewiß nur erwünscht, wenn die oft recht unerquicklichen Auseinandersetzungen zwischen dem neuen Pfarrer und seinem Vorgänger oder dessen Erben in Wegfall kämen."

Die Vorverlegung der Baufallschätzung sollte nur einen Versuch darstellen, auf diese Weise die baupflichtigen Pfründebesitzer zu entlasten. Vorerst blieb es bei diesem Versuch; die Anordnung ist noch nicht aufgehoben oder geändert.

D. Verfahren.

Das Verfahren richtet sich nach der MinBek.

vom 1. Sept. 1907 und der V. vom 13. Nov. 1857 § 44 — Weber V S. 86 —, welche Bestimmung durch die erstere Vorschrift ausdrücklich aufrecht erhalten wurde (Ziffer 13).

I. Die Beteiligten.

Die Bezirksverwaltungsbehörde hat zunächst den Kreis derjenigen Personen festzustellen, die als Beteiligte im engeren Sinne und als Sachverständige bei der Baufallschätzung beizuziehen sind.

Als solche kommen in Betracht:

1. der abziehende Pfründebesitzer, bei Tod des Pfründebesitzers dessen Erben sowie der Testamentsvollstrecker, falls ein solcher bestellt ist und das Testament keine einschränkende Bestimmung enthält; es wird verwiesen auf die Ausführungen in Teil I D I;
2. der Vertreter der Pfründestiftung, der nach der MinBek. vom 1. Sept. 1907 Ziff. 2 bestellt ist; falls der neue Pfründebesitzer schon ernannt sein sollte, wäre auch dieser beizuziehen;
3. der Pfarrverweser, wenn ein solcher bestellt ist[150];
4. die kath. Kirchenverwaltung als gesetzliche Vertreterin der kath. Kirchenstiftung und Kirchengemeinde im Hinblick auf das durch die Diözesansatzung geschaffene neue Recht[151];
5. ein Vertreter des Landbauamts, in dessen Bezirk das Pfründegebäude liegt, wenn das Staatsärar mit einem Beitrag beteiligt ist[152];
6. als Sachverständige und zwar
   a) als amtlicher Sachverständiger ein Beamter des Landbauamts; wenn bereits nach Ziffer 5 ein Beamter des örtlich zustän-

---

[150]) MinBek. vom 1. Sept. 1907 Ziff. 4.

[151]) VGH. 49 S. 108; Klee-Hechtel VGG. Art. 10 Ziff. 15 Anm. 2 S. 208.

[152]) V. vom 13. Nov. 1857 § 44 Abs. 5.

digen Landbauamts teilzunehmen hat, weist die Regierung auf Anzeige der Bezirksverwaltungsbehörde ein anderes Landbauamt des Regierungsbezirks zur Abordnung eines Beamten als amtlichen Sachverständigen an[153]);

b) diejenigen Personen, welche von dem abtretenden Pfründebesitzer oder dessen Erben und, wenn der neue Pfründebesitzer bereits ernannt sein sollte, auch von diesem als Sachverständige bezeichnet wurden[154]);

c) der Sachverständige, welcher etwa vom Vertreter der Pfründestiftung (Ziffer 2) ernannt wurde[155]).

II. Die Baufallschätzung.

1. Festsetzung der Zeit und Ladung der Beteiligten.

Die Bezirksverwaltungsbehörde hat den Tag zur Vornahme der Baufallschätzung an Ort und Stelle anzuberaumen. Wie bereits hervorgehoben, soll dieser Termin „so bald als möglich nach Eintritt der Pfründeerledigung“[156]) festgesetzt werden.

Wegen der Ladung der Beteiligten wird verwiesen auf die Ausführungen in Teil I, II, 1.

2. Die Baufallschätzungstermine.

Die Baufallschätzung wird geleitet von dem Beamten der Bezirksverwaltungsbehörde. Die Sachverständigen sind, soweit noch nicht geschehen, amtlich zu verpflichten[157]). Für das Verfahren und insbesondere die Aufnahme

---

[153]) MinBek. vom 1. Sept. 1907 Ziff. 3 mit ME. vom 10. Mai 1909 Nr. 9093 (abgedruckt bei Geiger, Pfarramtsverwaltung 10. Aufl. II. Bd. S. 625).

[154]) V. vom 13. Nov. 1857 § 44 Abs. 2.

[155]) MinBek. vom 1. Sept. 1907 Ziff. 3 Abs. 2.

[156]) MinBek. vom 1. Sept. 1907, Eingang.

[157]) V. vom 13. Nov. 1857 § 44 Abs. II.

einer Niederschrift sind die Ausführungen in Teil I, II 2 entsprechend zu beachten. Wegen der Ausscheidung der großen und kleinen Baufälle und der Festsetzung von Abnützungsquoten wird verwiesen auf die Ausführungen in Teil I B II 2a und die MinBek. vom 1. Sept. 1907 Ziff. 9 und 8.

Wenn die Baufallschätzung zur Winterszeit nach größeren Schneefällen durchgeführt wurde, kann unter Umständen auf Antrag Beteiligter nach Wegfall der einer genauen Ermittlung der Bauschäden entgegenstehenden Hindernisse ein weiterer Baufallschätzungstermin angesetzt werdern[158]).

3. Bescheidung der Verhandlungen durch die Regierung.

a) Vorlage der Verhandlungen durch die Bezirksverwaltungsbehörde.

Es kann verwiesen werden auf die Ausführungen in Teil I D II 4a. Eine Mitwirkung des Präsidenten des Landesfinanzamts, Zweigstelle für bayerische Angelegenheiten, findet statt, wenn der Staat mit einem Beitrag beteiligt ist.

b) Baufallschätzungsbescheid der Regierung.

Die Ausführungen in Teil I D II 4b gelten entsprechend. Beschwerdeberechtigt ist außer dem Pfründebesitzer bzw. dessen Erben und der Kirchenverwaltung als Vertreterin der Kirchenstiftung und Kirchengemeinde auch der Vertreter der Pfründestiftung (siehe I 2).

Die Kosten für die Beiziehung eines Vertreters der Pfründestiftung (I 2) und des von ihm benannten Sachverständigen (I 6c) sind, soweit sie nicht aus freien Stücken von dem Pfründevorgänger oder seinen Erben beglichen oder auf das Interkalare übernommen werden, als Kosten des Baufallschätzungsverfahrens zu

---

[158]) MinBek. vom 1. Sept. 1907 Ziff. 7.

behandeln, über deren Tragung im Baufallschätzungsbescheid Ausspruch zu treffen ist[159]).

Die Kosten für den als amtlichen Sachverständigen beigezogenen Beamten des Landbauamts (I 6 a) sind ebenfalls Kosten des Verfahrens[160]).

Die Kosten für den Vertreter des Landbauamts (Ziff. I 5) sowie die Kosten für die bezirksamtlichen Beamten (Verhandlungsleiter, Schriftführer) sind nach den Vorschriften über Dienstreisen gleich den übrigen Offizialgegenständen zu behandeln, nachdem die Vornahme der Baufallschätzung „lediglich Ausfluß der Kuratelgewalt" ist[161]).

Die Kosten für die Beiziehung der übrigen Sachverständigen haben ihre Auftraggeber zu tragen.

4. Die Wendung der Baufälle.

Die Wendung der zu Lasten des Pfründevorgängers ermittelten Baufälle soll in der Regel dem Pfründenachfolger gegen Zuweisung der hiefür eingeschätzten Beträge übertragen werden. Das Baufallschätzungsergebnis soll in dem Bewerbungsausschreiben nach näherer Bestimmung der MinBek. vom 1. Sept. 1907 Ziff. 5 mitgeteilt werden.

Bei Pfründen, bei denen eine alsbaldige Wiederbesetzung nicht in Aussicht genommen ist und infolgedessen eine länger dauernde Verwesung eintritt, sind wegen Wendung der Baufälle von der Regierung als Pfründeaufsichtsstelle im Benehmen mit der oberhirtlichen Stelle die erforderlichen Verfügungen zu treffen; gegebenenfalls kann auch eine neuerliche Baufallschätzung

---

[159]) MinBek. vom 1. Sept. 1907 Ziff. 10.

[160]) V. vom 13. Nov. 1857 § 44 Abs. 4 (Weber V S. 86); ME. vom 3. Juli 1866 (Weber VI S. 639).

[161]) ME. vom 3. Juli 1866 (Weber VI S. 639); ME. vom 19. Dez. 1867 (Weber VII S. 167).

nach Wiederbesetzung der Pfründe anberaumt werden[162].

Die Wendung der übrigen Baufälle überwacht die Regierung als Pfründeaufsichtsstelle. Eine eigenmächtige Wendung durch den Pfründenachfolger ist nicht zulässig[163].

Über die Kostendeckung siehe B II a und b.

E. Zwangsvollstreckung.

Für die Zwangsvollstreckung gelten die Ausführungen in Teil I E. Auch in der Richtung gegen die Pfründestiftung ist veranlaßtenfalls AG.z.ZPO. und KO. Art. 9 Abs. II und III maßgebend.

Teil III. Pfründegebäude, an denen weder der Staat beteiligt ist, noch eine Unterhaltspflicht des Pfründebesitzers und eine Baulast der Pfründestiftung besteht.

Maßgebend ist die V. vom 13. Nov. 1857 § 44 — Weber V S. 86 —. Die Baufallschätzung sollte auch bei diesen Gebäuden von der Bezirksverwaltungsbehörde vorgenommen werden.

In der Praxis findet eine solche wenigstens in Unterfranken nicht statt. Die Bauschäden werden in Gegenwart des abziehenden Pfründebesitzers oder seiner Erben und der Baulastpflichtigen (Kirchenstiftung, bürgerliche Gemeinde usw.) festgestellt. Die Wendung der Baufälle nehmen die Beteiligten in gegenseitigem Einverständnis vor. Amtliche Sachverständige, insbesondere die Beamten des Landbauamts, werden nicht beigezogen. Diese Praxis hat eine Beanstandung durch das Staatsministerium nicht gefunden[164].

---

[162] MBek. vom 1. Sept. 1907, Ziff. 6.
[163] Geiger S. 601.
[164] Siehe ME. vom 22. Dez. 1928 Nr. I 10735.

FSC
www.fsc.org
MIX
Papier | Fördert
gute Waldnutzung
FSC® C083411

Kolibri 360 GmbH
Ferdinand-Jühlke-Straße 7
99095 Erfurt, Deutschland
produktsicherheit@kolibri360.de